AI와 콘텐츠커머스 마케팅

AI와
콘텐츠커머스 마케팅

AI 시대 · 콘텐츠로 · 수익을 · 연결하라!

방미영
권병철 지음

실무자를 위한 전략 · 사례 · 인사이트

저자 소개

저자 **방미영**은 서울시 북부여성발전센터 센터장이자 서경대학교 광고홍보콘텐츠학과 교수로 재직 중이며, 청년문화콘텐츠기획단 운영위원장으로 활동하고 있다. 콘텐츠 기반의 청년 일자리 창출과 디지털 역량 강화를 위한 다양한 프로젝트를 기획·운영하며, 특히 네이버 라이브쇼핑 채널 '청년문화콘텐츠기획단'을 통해 청년 창작자와 중소기업의 상생 모델을 실현해왔다. 학계와 현장을 넘나들며 AI 기술과 콘텐츠커머스의 융합 가능성을 연구하고 있으며, 실무자와 창작자 모두에게 도움이 되는 전략과 인사이트를 지속적으로 개발, 발전시키고 있다.

저자 권병철은 커머스콘텐츠연구소 소장이자 콘텐츠 기획 및 제작 전문 기업 '더 미래'의 대표로 활동하고 있다. 중고나라 기획본부장을 역임하며 플랫폼 기반 커머스 전략을 이끌었으며, 현재는 다양한 공공기관과 지역축제를 중심으로 라이브커머스 기획 및 실행을 주도하고 있다. 행정안전부 재도전프로젝트, 중소기업청, 광진구청 등에서 라이브커머스와 디지털 마케팅 강사로 활동하고 있으며, 서울시 청자미디어센터에서도 시민 콘텐츠 역량 교육을 진행해왔다. 산청세계전통의약항노화엑스포, 성북구 정릉시장, 괴산고추축제 등 다수의 현장 중심 라이브커머스를 직접 제작·총괄한 경험을 바탕으로, 콘텐츠커머스의 실전 전략과 실행력을 겸비한 전문가로 평가받는다.

머리말

　디지털 전환이 본격화된 오늘날, 우리는 콘텐츠와 기술이 결합해 새로운 소비문화를 만들어가는 시대를 살아가고 있다. 단순히 상품을 진열하고 가격을 제시하는 방식의 커머스는 점차 그 힘을 잃어 가고 있다. 소비자는 브랜드의 철학과 가치, 그리고 자신과의 정서적 연결을 경험할 수 있는 '콘텐츠'를 통해 구매를 결정하고 행동으로 옮긴다. 이러한 변화는 콘텐츠의 본질이 단순한 마케팅 수단을 넘어 브랜드와 소비자 간의 관계를 매개하는 핵심 도구로 자리매김했음을 보여준다. 여기에 인공지능(AI)의 등장은 콘텐츠 제작과 유통, 타겟팅, 분석 전반을 혁신적으로 변화시키며 새로운 콘텐츠커머스 생태계를 만들어가고 있다.

　『AI와 콘텐츠커머스 마케팅 – 실무자를 위한 전략, 사례, 인사이트–』는 이러한 변화의 흐름 속에서 마케팅 실무자들이 반드시 이해하고 준비해야 할 핵심 내용을 담고자 기획한 책이다. 특히 AI가 콘텐츠커머스의 구조와 전략에 어떻게 통합되는지, 그리고 그것이 실제 마케팅 퍼포먼스에 어떤 영향을 미치는지를 다각도로 분석하여 실무에 직접 적용할 수 있도록 구성했다. 또한 최신 기술 트렌드를 소개하는 데 그치지 않고, 실제 브랜드가 콘텐츠를 기획하고 AI 기반의 플랫폼과 연계하여 운영해가는 과정을 구체적인 사례와 함께 설명함으로써 실용성을 극대화하였다.

이 책은 세 가지 주요 관점을 중심으로 전개한다. 첫째, 콘텐츠는 어떻게 커머스의 핵심 자산이 되었는가. 둘째, AI는 콘텐츠의 제작과 유통, 소비 방식에 어떤 혁신을 가져왔는가. 셋째, 이 두 요소를 결합해 브랜드는 어떤 방식으로 소비자와 소통하고, 충성 고객을 만들어가는가. 특히 콘텐츠커머스의 전환점에 있는 유튜브, 틱톡, 인스타그램, 라이브커머스 등의 플랫폼 전략을 심층적으로 다루고 있으며, AI를 활용한 마케팅 자동화, 추천 시스템, A/B 테스트, 퍼널 분석 등의 실무 도구도 함께 다룬다.

『AI와 콘텐츠커머스 마케팅 -실무자를 위한 전략, 사례, 인사이트-』는 단순한 이론서가 아니라 실전 현장에서 즉시 활용할 수 있는 전략서가 되고자 한다. 디지털 마케팅 현장에 있는 기획자와 콘텐츠 제작자, 브랜딩 담당자뿐 아니라 스타트업 창업자, 브랜드 매니저, 유통 비즈니스를 준비하는 예비 창업자에게도 실질적인 도움이 될 수 있도록 구성하였다. AI는 단순한 기술이 아닌, 마케터가 반드시 이해하고 활용해야 할 새로운 동료이며, 콘텐츠는 감성과 데이터를 연결하는 다리이다. 이 책을 통해 독자들이 AI와 콘텐츠커머스의 결합을 보다 구체적이고 전략적으로 이해하고, 자신의 비즈니스에 접목하여 실질적으로 활용할 수 있는 인사이트 도출을 기대한다.

2025년 5월 10일
저자 방미영 · 권병철

목차

PART 1 콘텐츠커머스 시대의 도래와 진화

- 콘텐츠커머스란 무엇인가 — 15p
- 콘텐츠와 커머스의 융합 — 19p
- 미디어에서 쇼핑까지 변화하는 소비 여정 — 23p
- 콘텐츠커머스의 발전 배경 — 27p
- SNS와 크리에이터 이코노미 — 31p
- 소비자 주도형 미디어 소비 변화 — 35p
- 글로벌 콘텐츠커머스 트렌드 — 39p
- 중국의 라이브커머스 혁명 — 43p
- 북미의 숏폼+쇼핑 모델 — 47p
- 한국의 카카오·네이버·틱톡 플랫폼 진화 — 51p

PART 2 콘텐츠커머스를 바꾸는 AI 기술

- 콘텐츠 기획과 제작의 자동화 — 59p
- 생성형 AI의 이미지, 영상, 텍스트 활용 — 63p
- AI 기반 콘텐츠 큐레이션과 A/B 테스트 — 67p
- AI와 고객 데이터 분석 — 71p
- 추천 알고리즘과 개인화 마케팅 — 75p
- 고객 여정 분석과 행동 예측 — 79p
- 챗봇과 AI 커머스 어시스턴트 — 83p
- 상담 자동화와 구매 전환율 향상 전략 — 87p
- 음성 인터페이스와 AI 기반 검색 — 91p

PART 3 플랫폼과 마켓의 진화

- 🔍 주요 플랫폼별 콘텐츠커머스 비교 ······ 99p
- 🔍 각 플랫폼 알고리즘과 전략적 활용 ······ 103p
- 🔍 브랜드몰, 마켓플레이스, D2C 전략 ······ 107p
- 🔍 커머스 생태계 안의 콘텐츠 전략 ······ 111p
- 🔍 플랫폼 독립을 위한 브랜디드 콘텐츠 구축 ······ 115p

PART 4 성공하는 콘텐츠커머스 전략

- 🔍 스토리텔링 기반 브랜드 마케팅 ······ 125p
- 🔍 감성 콘텐츠의 설계 원칙 ······ 129p
- 🔍 팬덤을 만드는 브랜드 콘텐츠 ······ 133p
- 🔍 인플루언서와 크리에이터 전략 ······ 136p
- 🔍 AI 인플루언서의 등장 ······ 140p
- 🔍 협업 모델과 ROI 측정법 ······ 144p
- 🔍 라이브커머스와 숏폼 마케팅 ······ 148p
- 🔍 실시간 콘텐츠 기획과 운영 ······ 152p
- 🔍 플랫폼별 콘텐츠 전략 최적화 ······ 155p

목차

PART 5　미래 전망과 실무자의 역할

- AI-콘텐츠커머스의 미래　　163p
- AI 비서 기반 쇼핑 경험　　167p
- 디지털 휴먼과 가상 쇼호스트　　171p
- 실무자의 역할 변화와 성장 전략　　175p
- 콘텐츠 전략가, 데이터 기반 마케터로의 전환　　179p
- 생존과 성장을 위한 리스킬링 로드맵　　183p

PART 6　콘텐츠커머스 실무 가이드

- 콘텐츠 제작 실무 체크리스트　　191p
- 콘텐츠 유형별 기획/운영 포인트　　195p
- KPI 설계 및 성과 분석　　199p
- 콘텐츠 커머스 마케팅 팀 조직 운영　　204p
- 실무자, 크리에이터, 기술팀 협업 구조　　208p
- 프로젝트별 운영 템플릿 예시　　212p
- AI 도입을 위한 조직 변화 전략　　217p
- AI 도입 단계별 체크포인트　　221p
- 윤리적 이슈와 데이터 관리　　225p

PART 7 실무자를 위한 지침서

- 🔍 실무자용 콘텐츠커머스 기획안 항목 — 233p
- 🔍 콘텐츠커머스 성과 분석 리포트 양식 — 237p
- 🔍 국내외 주요 플랫폼 가이드라인 요약 — 240p
- 🔍 콘텐츠커머스 실무를 위한 추천 툴 & AI 도구 리스트 — 244p
- 🔍 콘텐츠 유형별 KPI 및 고객 여정 맵 예시 — 247p
- 🔍 콘텐츠 제작 실수 방지 체크리스트 및 윤리 가이드라인 — 249p
- 🔍 콘텐츠캘린더 샘플 및 크리에이티브 브리프 양식 — 251p
- 🔍 AI 도입 평가 체크리스트 및 캠페인 성과 리뷰 양식 — 254p
- 🔍 콘텐츠 제작 워크플로우 및 채널 운영 매뉴얼 — 257p
- 🔍 브랜드 톤앤매너 가이드 및 위기 대응 커뮤니케이션 플랜 — 260p
- 🔍 협업 프로세스 템플릿 및 외주 계약 체크포인트 — 263p
- 🔍 고객 피드백 분석 양식 및 콘텐츠 ROI 계산법 — 266p
- 🔍 콘텐츠커머스 실무 교육 커리큘럼 및 내부 역량 진단 도구 — 269p
- 🔍 콘텐츠 성과 리뷰 회의록 템플릿 및 캠페인 회고 문서 양식 — 273p
- 🔍 콘텐츠 제작 윤리 서약서 — 276p

PART 1

콘텐츠커머스 시대의 도래와 진화

콘텐츠커머스란 무엇인가

콘텐츠커머스(Content Commerce)[01]는 디지털 콘텐츠와 전자상거래가 융합된 형태의 신유통 전략으로, 정보 전달이나 오락을 목적으로 제작된 콘텐츠가 소비자의 구매 행위로 직결되도록 설계된 마케팅 방식이다. 이는 전통적인 광고 모델과는 달리, 소비자에게 강요하지 않고 자연스럽게 상품을 노출시킴으로써 몰입도 높은 경험을 제공하며 구매 전환율[02]을 높인다.

콘텐츠커머스는 단순히 제품을 홍보하는 것을 넘어서, 스토리텔링을 기반으로 브랜드나 상품의 맥락을 제시하고 감정적 연결을 유도한다. 예컨대, 브이로그 영상 속에서 유튜버가 자연스럽게 사용하

---

01) 콘텐츠커머스(Content Commerce): 콘텐츠(영상, 글 등)를 통해 제품을 소개하고 구매로 유도하는 전자상거래 방식
02) 전환율(Conversion Rate): 콘텐츠를 본 사용자가 실제로 구매 등 목표 행동을 취한 비율

는 생활용품, 인스타그램 릴스에서 등장하는 패션 스타일링, 블로그 포스팅 속 여행지에서 추천하는 숙박이나 음식점 등이 모두 콘텐츠커머스의 일환이다. 콘텐츠는 이용자에게 정보성, 공감성, 오락성을 동시에 제공하면서 상품 구매의 동기를 부여한다.

이러한 경향은 특히 MZ세대를 중심으로 확대되고 있다. 이들은 단순한 가격이나 기능보다 '왜 이 제품을 써야 하는가', '누가 이 제품을 쓰는가'에 주목한다. 즉, 제품을 둘러싼 이야기와 이미지, 그리고 콘텐츠 속 맥락이 소비를 결정하는 주요 요소가 된다. 콘텐츠커머스는 이러한 문화적 소비 경향을 겨냥해 설계된 전략으로, 콘텐츠에 몰입한 소비자가 자발적으로 상품 구매로 이어지는 유입 구조를 설계한다.

콘텐츠커머스는 크게 세 가지 유형으로 구분할 수 있다.

첫째, 정보 기반형 콘텐츠커머스는 제품에 대한 리뷰, 사용기, 비교 분석 등을 통해 구매를 유도하는 방식이다. 예를 들어, IT 유튜버가 스마트폰을 비교 분석하면서 구매 링크를 제공하는 것이 이에 해당한다.

둘째, 오락 기반형 콘텐츠커머스는 유머, 스토리텔링, 리얼리티 쇼 등을 통해 소비자에게 재미를 제공하면서 자연스럽게 제품을 노출시키는 방식이다. 예능 콘텐츠에서 출연자가 사용하는 소품이나 의상 등이 시청자들의 구매로 이어지는 사례가 많다.

셋째, 감성 기반형 콘텐츠커머스는 라이프스타일 콘텐츠나 감정이입이 강한 영상 등을 통해 브랜드와 소비자 간의 정서적 유대를 강화하는 방식이다. 감성적인 BGM, 영상미, 서사 구조 등을 통해 브랜드에 대한 친밀감을 형성하고, 구매로 이어진다.

콘텐츠커머스의 확산은 기술적 진보와도 밀접한 관련이 있다. 유튜브, 인스타그램, 틱톡 등 SNS 플랫폼의 발전은 동영상 중심의 콘텐츠 소비를 활성화시켰고, 시청자들은 영상 콘텐츠를 통해 제품 정보를 더욱 직관적으로 이해하게 되었다. 여기에 더해 링크 삽입 기능, 쇼핑 태그, 숏폼 영상 내 쇼핑 버튼 등 플랫폼 내 구매 유도 기능들이 접목되면서 콘텐츠와 커머스 간의 경계가 사라지고 있다.

또한, 소비자의 구매 여정이 다변화되고 있다는 점도 콘텐츠커머스의 부상을 이끈 핵심 요인이다. 전통적인 구매 여정은 "인지-관심-욕구-구매"로 이어졌다면, 콘텐츠커머스는 "몰입-공감-탐색-구매"의 순환구조로 전개된다. 콘텐츠에 몰입한 사용자가 감정을 이입하고, 공감한 브랜드나 상품에 대해 탐색한 후 바로 구매로 연결되며, 이후 다시 해당 브랜드나 크리에이터의 팬으로서 지속적인 관계를 맺는 구조다. 이는 일회성 소비를 넘어선 장기적인 브랜드 로열티로 이어질 수 있다.

실제 기업들은 이러한 콘텐츠커머스를 전략적으로 활용하고 있다. 예를 들어, 아모레퍼시픽은 뷰티 유튜버들과 협업하여 메이크업 튜토리얼 콘텐츠를 제작하고, 해당 영상 내에서 자사 제품을 노출시킴으로써 구매 전환율을 높이고 있다. 또한, 삼성전자는 신제품 출시와 함께 다양한 테크 유튜버 및 블로거를 대상으로 리뷰 콘텐츠를 기획하여, 공식 마케팅 이전에 시장 반응을 이끌어내는 데 주력하고 있다.

뿐만 아니라, D2C(Direct to Consumer) 브랜드의 확산도 콘텐츠커머스의 성장과 맞물린 현상이다. 전통적인 유통망에 의존하지 않고, 기업이 자체 제작한 콘텐츠를 기반으로 SNS나 온라인몰을 통해 직접 소비자와 만나고 있다. 이는 브랜드가 소비자와의 접점을 콘텐츠 중심으로 주도할 수 있게 만들며, 그 자체로 고객 경험의 전환을 이끌고 있다.

따라서 콘텐츠커머스는 단순히 광고의 한 유형이 아닌, 브랜드와 소비자 사이의 상호작용적 관계에 중심을 둔 판매 전략이다. 콘텐츠를 통해 브랜드 스토리를 전달하고, 이를 감정적·경험적으로 수용한 소비자가 자발적으로 제품에 다가가는 방식은 기존의 일방향적 마케팅 패러다임을 근본적으로 뒤바꾸고 있다. 또한, AI와 플랫폼 기술의 발전이 더해지면서 콘텐츠커머스는 더욱 정교하고 자동화된 방식으로 진화하고 있다. 앞으로의 마케팅은 '무엇을 팔 것인가'보다 '어떤 콘텐츠로 연결할 것인가'가 핵심이다.

단어 체크 ✓

- 감성 기반 소비: 제품의 기능보다 감정적 연결(공감, 재미, 가치 등)을 기반으로 하는 소비 형태
- 스토리텔링 마케팅: 브랜드나 상품의 메시지를 이야기 형식으로 전달해 소비자의 몰입과 공감을 유도하는 전략

콘텐츠와 커머스의 융합

콘텐츠와 커머스의 융합은 디지털 전환이 가속화된 2010년대 중반 이후 본격적으로 부상하였다. 기존에는 제품을 중심으로 정보가 제공되고 소비자 행동이 일어나는 구조였다면, 이제는 콘텐츠가 중심이 되어 사용자 경험을 설계하고 그 속에서 커머스가 자연스럽게 녹아들게 된다. 즉, 콘텐츠가 상품의 맥락을 만들어주고, 커머스는 콘텐츠를 통해 활성화되는 구조가 형성되고 있다. 이러한 융합은 콘텐츠의 '신뢰성'과 커머스의 '편의성'이 만나면서 상호 보완적 시너지를 창출한다.

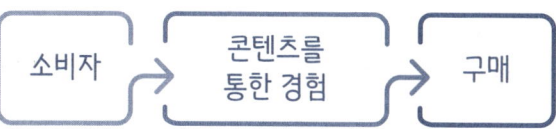

소비자는 더 이상 단순한 제품 정보만으로는 구매를 결정하지 않는다. 제품의 효능, 사용법, 라이프스타일 속 활용 장면 등을 종합적으로 경험할 수 있는 콘텐츠가 구매 결정의 핵심 요인으로 작용한다. 즉, 콘텐츠는 제품 설명의 도구가 아니라, 그 자체로 브랜드와 제품의 의미를 전달하는 중심 매체다.

콘텐츠와 커머스의 결합 스토리텔링 기반, 크리에이터 기반, 실시간 콘텐츠 기반으로 나눈다. **스토리텔링 기반 커머스는** 브랜드나 제품을 주제로 이야기를 구성하고, 그 이야기 속에 상품을 자연스럽게 녹여내는 방식이다. 예를 들어, 캠핑용품 브랜드가 캠핑 콘텐츠를 제작하고, 캠핑 중 사용하는 제품들을 맥락적으로 보여주는 방식이다. 이러한 방식은 브랜드가 소비자에게 단순한 판매자가 아니라, 라이프스타일의 동반자로 인식되도록 만든다.

크리에이터 기반 커머스는 유튜버, 인스타그래머, 틱톡커 등 1인 미디어 콘텐츠 제작자들이 자신의 콘텐츠를 통해 상품을 소개하고 직접 판매에까지 연결하는 방식이다. 이들은 자신의 팬들과의 신뢰 관계를 기반으로 제품 추천의 신뢰도를 높이며, 단순 광고가 아닌 '추천'의 형태로 커머스를 운영한다. 이는 인플루언서 마케팅과도 겹치지만, 콘텐츠커머스는 상품 유통 구조 전체를 함께 설계하는 데 차이가 있다.

실시간 콘텐츠 기반 커머스는 대표적인 예가 라이브커머스[03]이다.

---

03) 라이브커머스: 실시간 방송을 통해 제품을 소개하고, 시청자와 소통하며 즉시 판매하는 방식

실시간 스트리밍을 통해 제품을 소개하고, 시청자와 쌍방향 소통을 하면서 실시간으로 판매를 유도한다. 중국의 타오바오 라이브, 한국의 네이버 쇼핑라이브, 쿠팡 라이브 등이 대표 사례다. 실시간 커머스는 신뢰감, 긴급성, 현장감이라는 요소를 바탕으로 구매욕을 자극한다.

콘텐츠와 커머스 융합의 배경에는 기술과 플랫폼의 진화가 있다. 예를 들어, 유튜브는 영상에 상품 태그를 삽입할 수 있는 기능을 도입했고, 인스타그램과 틱톡은 숏폼 영상 속에 바로 결제를 유도할 수 있는 쇼핑 기능을 내장하고 있다. 콘텐츠 소비의 흐름을 끊지 않고 구매로 전환시킬 수 있는 UX 디자인과 기술이 콘텐츠커머스 확산의 핵심 동력이다.

또한 커머스의 역할 자체도 변화하고 있다. 전통적인 커머스는 '판매 채널'로서의 기능에 충실했지만, 콘텐츠와 융합된 커머스는 '콘텐츠 유통 플랫폼'의 역할까지 수행하게 된다. 예를 들어, 무신사나 오늘의집 같은 플랫폼은 상품을 단순히 나열하는 것이 아니라, 사용자 제작 콘텐츠(User Generated Content)를 중심으로 쇼핑몰을 운영한다. 상품 사용 후기, 스타일링 팁, 공간 활용 사례 등이 콘텐츠화되어 소비자의 구매 동기를 유발한다.

이러한 변화 속에서 브랜드와 마케터는 새로운 콘텐츠 전략을 수립해야 한다. 기존의 상품 중심 콘텐츠가 아닌, 고객 중심 콘텐츠로 전환되어야 하며, 고객의 관심사, 감성, 라이프스타일에 맞춘 콘텐츠 제작이 요구된다. 또한 콘텐츠의 유통 경로도 다변화되어야 하며, 단일 플랫폼 중심이 아니라 유튜브, 블로그, SNS, 자사몰 등 다양한 채널에서 콘텐츠와 커머스가 유기적으로 연결되도록 해야 한다.

콘텐츠와 커머스의 융합은 단지 새로운 유행이 아닌, 마케팅 생태계의 구조적 전환을 의미한다. 앞으로는 제품을 어떻게 설명할 것인가보다, 제품을 어떻게 콘텐츠로 풀어낼 것인가가 중요하다. 소비자와 콘텐츠를 매개로 감정적 관계를 형성하고, 그 경험을 통해 구매로 연결시키는 것이 브랜드 성장의 핵심 전략이다.

콘텐츠와 커머스의 융합은 기업에게는 새로운 시장 기회를 제공하며, 소비자에게는 더 직관적이고 몰입감 있는 구매 경험을 제공한다. 이는 궁극적으로 브랜디드 콘텐츠, 고객 참여형 콘텐츠, AI 개인화 콘텐츠 등 다양한 형태로 진화하면서, 향후 디지털 마케팅의 핵심 축으로 자리잡게 될 것이다.

단어 체크 ✓

- 브랜디드 콘텐츠: 광고가 아닌 콘텐츠 형식으로 브랜드 메시지를 자연스럽게 전달하는 콘텐츠 유형. 감성적 연결 유도
- 하이퍼리얼 콘텐츠: 실제보다 더 실감나게 표현된 콘텐츠로, 시청자의 몰입감을 높이는 디지털 영상 유형

미디어에서 쇼핑까지 변화하는 소비 여정

콘텐츠커머스의 본질은 소비자의 쇼핑 여정이 기존의 '검색-비교-구매'라는 목적 지향적 경로에서, '노출-몰입-공감-구매'라는 경험 중심의 흐름으로 전환되었다는 것이다.

소비자들은 더 이상 제품을 사기 위해 정보를 능동적으로 탐색하기보다, 콘텐츠를 즐기는 과정에서 상품에 노출되고, 공감과 호기심을 통해 구매를 결정하게 된다. 이러한 패러다임의 전환은 미디어 소비가 쇼핑 행동으로 자연스럽게 연결되는 구조를 만들었으며, 이른바 '미디어 커머스 시대'를 열었다.

변화의 출발점은 스마트폰의 대중화와 SNS 플랫폼의 급속한 성장이다. 사용자는 하루 평균 3시간 이상 모바일 디바이스에서 콘텐츠를 소비하며, 영상, 이미지, 텍스트 등을 넘나들며 다양한 형태의 정보를 수용한다. 이러한 다채널, 다형식 미디어 환경은 콘텐츠 노출 빈도를 극대화시키고, 구매 자극의 빈도를 늘리게 된다.

쇼핑에 영향을 주는 정보의 유형도 달라졌다. 과거에는 브랜드가 직접 제공하는 광고나 상품 설명서가 주요 정보원이었으나, 현재는 크리에이터 콘텐츠, 리뷰 영상, 실사용 후기, 브이로그, SNS 스토리와 같은 생활형 콘텐츠가 소비자 신뢰를 이끌어 내고 구매에 결정적인 영향을 준다. 이러한 콘텐츠는 단순히 제품 정보를 제공하는 것을 넘어서, 소비자에게 사용 맥락과 감성적 연결을 제공한다.

예를 들어, 한 여행 유튜버가 촬영한 제주도 브이로그 속에서 사용한 캐리어나 운동화, 썬크림이 구체적으로 소개되지 않더라도, 그 제품이 등장한 장면에서 전달되는 분위기와 맥락은 시청자에게 '저걸 나도 써보고 싶다'는 감정을 자극한다. 이처럼 콘텐츠는 무언가를 '설명'하지 않더라도, 상품이 갖는 라이프스타일적 이미지를 자연스럽게 전달함으로써 소비 여정을 변화시킨다.

이러한 배경 속에서 구매 경로의 다원화도 동시에 진행된다. 과거에는 상품을 보기 위해 커머스 플랫폼에 접속한 뒤, 검색 → 비교 → 구매로 이어졌다면, 현재는 유튜브나 인스타그램, 틱톡 등 콘텐츠 중심 플랫폼에서 소비자가 상품을 처음 접하고, 콘텐츠 내에 삽입된 링크나 태그를 통해 즉시 구매 페이지로 이동한다. 이는 콘텐츠와 쇼핑 간의 거리를 최소화하고, 충동 구매 또는 감정 기반 구매를 더욱 촉진하는 구조를 만든다.

또한, 알고리즘과 AI 기술의 발전은 소비 여정의 자동화를 촉진하고 있다. 소비자가 콘텐츠를 시청하거나 '좋아요'를 누른 패턴을 기반으로 유사한 콘텐츠와 상품을 자동 추천하고, 구매 가능성이 높은 순간에 최적화된 커머셜(commercial) 콘텐츠를 노출시킨다. 예컨대, 네이버 스마트스토어는 사용자 행동 데이터를 기반으로 관심 가질 만한 라이브커머스를 추천하며, 틱톡은 사용자 취향 기반의 피드에 브랜드 콘텐츠를 자연스럽게 노출시킨다. 이처럼 쇼핑의 시작이 검색이 아닌 '콘텐츠 감상'에서 비롯되는 시대가 본격화되었다.

라이브커머스로 인해 소비 여정이 실시간으로 단축되었고, 소비자는 실시간 스트리밍을 시청하면서 제품에 대한 궁금증을 즉석에서 질문하고, 방송 도중 즉시 구매할 수 있게 되었다. 라이브커머스는 기존의 일방향 콘텐츠 소비에서 쌍방향 소통형 콘텐츠 소비로 전환된 대표 사례로, 구매 전환율을 대폭 향상하게 했다. 특히 시간제한, 한정 수량, 이벤트 등의 요소가 더해지면서 긴급성과 희소성을 자극해 구매 결정 속도를 높였다.

소비자 유형별로도 소비 여정의 양상이 다르게 나타나 소비 트렌드를 파악할 수 있다. Z세대와 밀레니얼 세대는 미디어 소비 속도가 빠르고, 감각적이고 직관적인 정보에 익숙하기 때문에 숏폼 콘텐츠나 이미지 중심의 콘텐츠를 선호한다. 반면, X세대 이상은 리뷰나 비교 정보 중심의 콘텐츠를 신뢰하는 경향이 있으며, 제품의 기능적 우수성과 후기 기반 콘텐츠를 참고하여 구매를 결정한다. 따라서 콘텐츠커머스 전략은 세대별 소비 여정 차이를 반영해 콘텐츠 기획과 커머스 UI(User Interface)/UX(User Experience) 설계를 달리해야 한다.

또 하나 주목할 점은, 미디어 콘텐츠가 곧 브랜드 자산이자 커머스 채널이 되었다는 사실이다. 브랜드는 단순히 제품을 나열하는 방식에서 벗어나, 콘텐츠를 통해 브랜드의 철학, 가치, 감성, 사용법 등을 종합적으로 전달함으로써 브랜드 전체를 경험하게 한다. 이러한 '브랜드 콘텐츠화'는 제품 하나의 판매를 넘어 장기적인 팬덤 형성과 재구매로 이어지며, 콘텐츠커머스의 지속 가능성을 뒷받침한다.

콘텐츠커머스는 미디어와 커머스의 결합을 넘어, 소비자 행동의 전체 경로를 재정의하고 있다. 소비자는 콘텐츠 속에서 상품을 발견하고 공감하며 감성적으로 연결된 후 구매로 전환하며, 다시 그 경험을 콘텐츠로 공유함으로써 또 다른 소비 여정을 창출한다. 즉, 콘텐츠는 더 이상 구매를 위한 도구가 아닌, 소비 여정을 설계하는 주체가 된 것이다. 이러한 변화는 향후 디지털 마케팅의 핵심 전략이 콘텐츠 중심으로 전환될 수밖에 없는 이유를 명확히 보여준다.

콘텐츠커머스의 발전 배경

콘텐츠커머스의 발전은 단순히 기술의 진보나 소비 트렌드 변화에 그치지 않는다. 이는 산업 구조와 유통 패러다임, 소비자의 인식 변화, 디지털 플랫폼의 생태계 전환이 복합적으로 맞물려 나타난 결과다.

그 중에서 가장 콘텐츠커머스 발전을 이끈 것은 디지털 플랫폼의 확산이다. 유튜브, 인스타그램, 틱톡, 네이버블로그, 페이스북 등 다양한 플랫폼이 콘텐츠 제작과 유통의 장벽을 무너뜨렸다. 누구나 콘텐츠를 만들고 배포할 수 있는 환경이 조성되면서, 전통적인 광고와 커머스 구조에서 벗어난 새로운 소비 경로가 등장했다. 특히 개인 창작자와 중소 브랜드는 비용 효율적인 방식으로 자신만의 브랜드 스토리를 전달하고, 팬들과의 정서적 관계를 통해 충성도 높은 소비층을 형성하고 있다.

소비자의 행동 양식 변화 또한 콘텐츠커머스의 확산을 불러왔다. 전통적인 소비자는 제품 정보를 탐색하고 비교한 후 구매를 결정했지만, 오늘날 소비자는 먼저 콘텐츠에 몰입하고, 그 과정에서 상품에 대한 관심을 자연스럽게 형성한다. 이른바 '관계 기반 소비', '경험 중심 소비'로의 전환이다. 특히 MZ세대는 광고를 회피하는 경향이 강하며, 브랜드보다는 크리에이터나 콘텐츠와의 정서적 연결을 더 중시한다. 이로 인해 소비의 시작점이 '검색'이 아닌 '콘텐츠 감상'이 되었고, 이는 콘텐츠커머스의 성장에 결정적 영향을 미쳤다.

콘텐츠 제작 기술의 고도화, 즉 AI 기반 영상 편집 툴, 자동 더빙, 이미지 생성 기술 등 콘텐츠 제작 도구의 발전은 고품질 콘텐츠 생산의 문턱을 낮추었다. 브랜드, 소상공인, 개인 창작자 누구나 자신만의 콘텐츠를 빠르게 제작하고 유통할 수 있으며, 이들이 전자상거래와 연계되면서 콘텐츠커머스의 확장이 강화되었다. 특히 AI는 고객 데이터를 기반으로 한 맞춤 콘텐츠 제작, 콘텐츠 추천, 개인화된 쇼핑 경험 제공에 핵심 역할을 한다.

미디어 환경의 변화와 광고 포맷의 진화도 짧은 시간에 콘텐츠커머스의 진화를 이끌었다. 기존의 배너광고, PPL(Product Placement), 인플루언서 마케팅은 점점 한계를 보이고 있으며, 소비자들은 명확한 광고 콘텐츠보다 자연스러운 브랜드 노출을 선호한다. 이에 따라 콘텐츠와 커머스를 유기적으로 결합한 형태가 효과적인 마케팅 수단으로 자리잡게 되었고, 이는 기업의 예산 분배 구조와 마케팅 전략에도 변화를 가져왔다. 콘텐츠커머스는 단순 홍보를 넘어 브랜드 경험을 제공하는 방향으로 발전하고 있다.

D2C 모델의 확산도 빼놓을 수 없다. 중개 유통망을 거치지 않고 소비자에게 직접 제품을 판매하는 브랜드들은 콘텐츠를 커뮤니케이션의 핵심 수단으로 활용한다. 제품 개발 배경, 제작 과정, 실제 사용 장면 등을 콘텐츠로 풀어내어 소비자에게 직접 가치를 설명하고 감성적 연결을 유도한다. 이러한 접근은 제품 그 자체보다 브랜드 철학과 스토리텔링에 중점을 두는 MZ세대의 소비 성향과 맞물려 콘텐츠커머스의 필연적인 성장 요인으로 작용하고 있다.

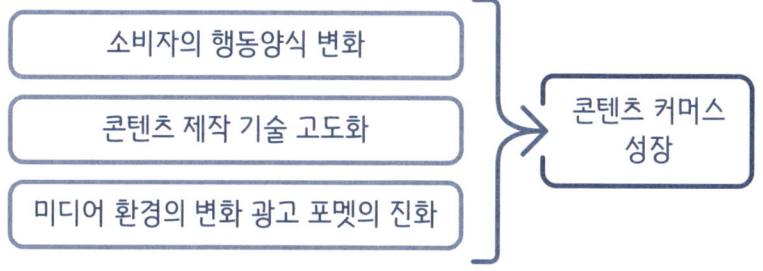

멀티채널 커머스와 옴니채널 전략[04]의 부상으로 소비자들은 하나의 경로가 아닌 여러 플랫폼과 채널을 넘나들며 상품을 탐색하고 구매한다. 이로 인해 콘텐츠는 단일 플랫폼에 국한되지 않고 유튜브, 인스타그램, 쇼핑몰, 메신저, 앱 알림 등 다양한 접점에서 반복적으로 노출되며, 각 채널에서의 역할과 형식에 맞춰 커스터마이즈된 콘

---

04) 옴니채널 전략: 온라인과 오프라인, 다양한 채널을 통합해 일관된 고객 경험을 제공하는 마케팅 방식

텐츠가 요구된다. 브랜드는 플랫폼별 소비자 행동 데이터를 분석해 더욱 정교한 콘텐츠커머스 전략을 설계하게 되며, 이는 개인화 마케팅[05]의 핵심 기반이 된다.

　이처럼 콘텐츠커머스는 팬덤 경제와 커뮤니티 기반 소비의 부상을 구축하고 있다. 단순한 상품 정보보다 브랜드와의 '정서적 연결', 그리고 그것을 공유하는 소비자 간의 연대가 중요해졌다. 소비자들은 자신이 지지하는 브랜드, 크리에이터, 콘텐츠에 대해 자발적으로 콘텐츠를 생성하고 확산하며, 그 과정에서 상품 구매가 이뤄진다. 이들은 단순 소비자가 아닌 브랜드와의 관계 안에서 '참여자'로 존재하며, 이 구조는 콘텐츠커머스가 일회성 구매를 넘어 지속 가능한 비즈니스 모델로 확장되게 하는 핵심 기반이다.

　콘텐츠커머스는 단순한 트렌드가 아닌, 마케팅과 유통, 콘텐츠 전략을 통합적으로 설계해야 하는 패러다임의 전환 지점을 만든다. 앞으로의 비즈니스 환경에서는 콘텐츠와 커머스의 결합 없이는 소비자와의 관계를 형성하고 유지하기가 어렵다. 따라서 콘텐츠커머스를 이해하고 활용하는 능력은 모든 실무자에게 요구되는 핵심 역량이다.

---

05) 개인화 마케팅: 사용자 데이터를 바탕으로 각 개인에게 최적화된 콘텐츠나 상품을 제공하는 마케팅 전략

SNS와 크리에이터 이코노미

　콘텐츠커머스의 핵심 추진 동력 중 하나는 바로 SNS 플랫폼과 크리에이터 이코노미의 비약적 성장이다. '누구나 콘텐츠 생산자가 될 수 있다'는 시대적 전환은 단지 미디어의 민주화에 그치지 않고, 경제 생태계 전반에 커다란 변화를 일으켰다. 브랜드, 소비자, 콘텐츠 생산자, 유통 플랫폼 사이의 경계는 흐려지고, 이들이 유기적으로 연결되며 새로운 유형의 커머스 구조가 형성되었다.

　크리에이터 이코노미란, 개인 창작자가 자신만의 콘텐츠를 기반으로 수익을 창출하는 경제활동 전반을 일컫는다. 유튜브 영상, 인스타그램 사진, 틱톡 숏폼, 블로그 포스트 등 다양한 콘텐츠 형식이 해당되며, 이를 통해 광고 수익, 협찬, 팬 유료 구독, 직접 상품 판매 등 다채로운 수익 모델이 가능해졌다. 이러한 크리에이터들은 기존의 언론사나 광고대행사 중심의 미디어 구조를 뒤흔들며, 브랜드와 소비자 간의 새로운 연결 고리가 되고 있다.

특히 SNS 플랫폼은 콘텐츠 유통의 중심 무대이자 크리에이터 이코노미의 핵심 기반이다. 인스타그램, 유튜브, 틱톡, 네이버 블로그 등은 단지 콘텐츠를 올리는 공간이 아니라, 알고리즘 기반의 추천 시스템, 쇼핑 연계 기능, 광고 수익 분배 시스템 등을 통해 창작자와 소비자가 직접 만나는 장을 제공한다. 이 플랫폼들은 크리에이터의 콘텐츠가 더 많은 이들에게 노출되도록 도와주며, 동시에 소비자 행동 데이터를 기반으로 한 정교한 타깃 마케팅이 가능하도록 한다.

브랜드들은 이제 유명 연예인보다 오히려 '마이크로 인플루언서'나 '니치 크리에이터'와의 협업을 선호하고 있다. 팔로워 수가 수만 명 이하이더라도, 특정 분야에 깊이 있는 콘텐츠를 제공하고 팬들과의 신뢰 관계를 쌓은 크리에이터는 높은 전환율을 자랑한다. 예를 들어, 육아용품을 다루는 유튜버, 친환경 생활을 소개하는 블로거, 실내 인테리어를 주제로 콘텐츠를 제작하는 틱톡커 등은 자신만의 브랜드를 구축하며 영향력을 행사하고 있다.

이러한 크리에이터는 더 이상 단순한 '광고 채널'이 아니다. 그들은 콘텐츠 자체를 제작하고, 팬들과 소통하며, 제품에 대한 신뢰도를 높이고, 구매까지 유도하는 역할을 한다. 즉, 콘텐츠 제작자이자 마케터이며, 판매자이기도 하다. 이에 따라 브랜드는 단순한 협찬이 아니라, 크리에이터와 공동 기획한 콘텐츠, 공동 브랜드 제품, 크라우드 펀딩 등을 통해 더욱 깊은 협업 관계를 구축하고 있다.

크리에이터 이코노미의 또 하나 중요한 특징은 팬덤 기반의 소비 구조다. 크리에이터를 중심으로 형성된 팬덤은 단순한 구독자 집단을 넘어, 자발적으로 콘텐츠를 확산시키고 제품을 구매하며, 커뮤니티를 형성한다.

이러한 구조는 콘텐츠커머스와 직결된다. 팬들은 크리에이터가 추천하는 상품에 대해 높은 신뢰를 갖고 있으며, 이는 구매 전환율로 이어진다. 크리에이터가 직접 기획하거나 브랜드와 협업한 상품은 일반 광고보다 훨씬 자연스럽게 소비자에게 전달된다. 라이브방송, 언박싱 영상, 리뷰 콘텐츠, Q&A 세션 등은 모두 크리에이터 중심 콘텐츠커머스의 실전 사례다.

더불어, AI와 데이터 기술은 크리에이터 이코노미를 더욱 고도화하고 있다. 예측 분석[06], 관심사 기반 콘텐츠 추천, 댓글 분석, 팬 심리 분석 등은 크리에이터가 어떤 콘텐츠를 제작해야 할지, 언제 어떤 상품을 소개해야 효과적인지에 대한 전략을 수립하는 데 기여한다. 플랫폼 또한 AI를 활용해 가장 구매 전환율이 높은 크리에이터를 브랜드에게 자동으로 매칭해주는 기능을 도입하고 있으며, 이는 콘텐츠커머스의 자동화와 효율화를 가속화하고 있다.

이를 위해 SNS와 크리에이터 이코노미는 콘텐츠커머스의 전면에 서 있다. 그들은 콘텐츠 생산자이자 판매자이며, 동시에 브랜드의 신뢰를 구축하고 소비자와의 감정적 연결을 주도하는 핵심 주체

---

06) 예측 분석(Predictive Analytics): 소비자 행동을 분석하여 향후 구매나 이탈 가능성을 예측하는 데이터 분석 방식

다. 콘텐츠커머스를 실무적으로 운영하고자 하는 기업이나 브랜드는 이제 단순히 콘텐츠를 잘 만드는 것에 그치지 않고, 크리에이터와의 전략적 협업을 통해 커머스 생태계 전반을 함께 설계할 수 있어야 한다. 팬과 크리에이터, 플랫폼, 브랜드가 유기적으로 연결되는 구조 속에서, SNS 기반 콘텐츠커머스는 앞으로도 가장 강력한 성장 동력이다.

단어 체크 ✓

- 마이크로 타깃팅(Micro-targeting): 세분화된 고객군에 맞춰 정교하게 콘텐츠와 메시지를 전달하는 전략

소비자 주도형 미디어 소비 변화

콘텐츠커머스가 급성장하게 된 또 하나의 근본적 배경은 소비자 미디어 이용 행태의 변화, 그중에서도 '소비자 주도형' 콘텐츠 소비 방식의 확산이다. 과거에는 방송사나 신문사, 포털 등 거대 미디어 플랫폼이 콘텐츠의 생산과 유통을 독점하며, 소비자는 정해진 시간과 경로를 통해 수동적으로 콘텐츠를 소비했다. 그러나 스마트폰과 소셜미디어의 보편화는 소비자에게 콘텐츠 소비의 '주도권'을 넘겨주었고, 이는 콘텐츠의 제작 방식, 유통 전략, 커머스 구조 전반에 걸쳐 결정적인 변화를 이끌어냈다.

변화의 가장 선두는 콘텐츠 소비 방식의 탈중앙화다. 기존 미디어가 일방향 콘텐츠를 대량으로 생산하고, 이를 정해진 시간대나 공간에서 송출하던 방식은 빠르게 무너졌다. 대신 소비자는 자신이 원하는 시간에, 원하는 주제의 콘텐츠를, 원하는 포맷(영상, 이미지, 텍스트 등)으로 선택해 소비할 수 있게 되었다. 이는 콘텐츠 소비의 '개인화', '선택화', '맞춤화'를 가능하게 만들었고, 소비자와 콘텐츠 간의 거리를 대폭 좁혔다.

또 다른 변화는 참여형 소비의 확대다. 소비자는 단순히 콘텐츠를 '보는 사람'에서 '함께 만드는 사람'으로 변모했다. 유튜브 영상에 댓글을 달고, 인스타그램 스토리에 반응하며, 틱톡 영상에 듀엣으로 참여하는 등 소비자들은 이제 콘텐츠 유통 과정에 적극적으로 개입하며, 콘텐츠의 가치와 파급력을 결정하는 중요한 주체가 되었다. 이러한 참여형 소비는 브랜드 콘텐츠에도 영향을 미치며, 소비자가 콘텐츠에 참여하고, 콘텐츠를 통해 커머스에 참여하는 구조가 활성화되고 있다.

〈소비자 미디어 이용 변화 형태〉

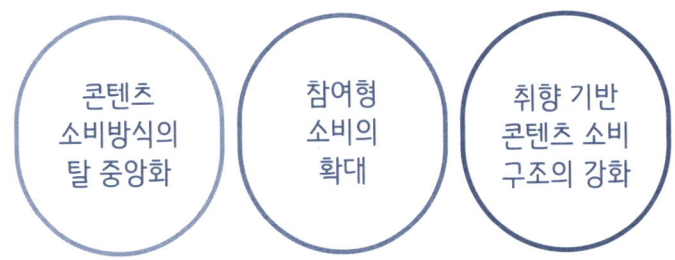

취향 기반 콘텐츠 소비 구조의 강화도 변화의 한 축을 차지하고 있다. 알고리즘 기반 추천 시스템은 소비자가 관심 가질 만한 콘텐츠를 실시간으로 선별해주며, 이로 인해 소비자는 자신에게 '맞는 콘텐츠만'을 소비하게 된다. 이 현상은 콘텐츠 시장의 다양성을 촉진하는 동시에, 특정 취향이나 관심사를 중심으로 한 소비자 군집(니치 오디언스)을 형성한다. 결과적으로 브랜드는 특정 타깃군에게 정밀하게 콘텐츠를 노출시키고, 관심도 높은 소비자층을 기반으로 콘텐츠커머스를 전개할 수 있게 되었다.

커머스 구조의 변화 중 가장 공감되는 것은 스토리 중심의 소비 감각이다. 현대 소비자는 기능과 가격보다 제품이 담고 있는 의미, 이야기, 가치에 끌린다. 이는 제품을 설명하는 방식도 '기술적'에서 '감성적'으로, '정보적'에서 '서사적'으로 전환되었음을 의미한다. 소비자는 콘텐츠 속에서 브랜드의 철학, 창작자의 태도, 제품의 가치 등을 포착하며, 콘텐츠 자체를 경험한 후에야 비로소 구매를 결정한다. 즉, 콘텐츠는 '상품의 외형을 보여주는 수단'이 아니라, '소비자가 감정적으로 설득될 수 있는 공간'으로 기능한다.

디지털 환경은 소비자들이 콘텐츠를 둘러싼 커뮤니티를 형성한다. 커뮤니티 안에서 제품에 대한 정보를 교류하거나 공동 구매를 시도하며 공동체 기반 소비의 확산을 이끌어 간다. 블로그 댓글, SNS 공유, 카카오톡 오픈채팅, 브랜드 팬덤 커뮤니티 등은 콘텐츠 소비를 개인 행위가 아닌 '사회적 행동'으로 확장시킨다. 이러한 소비자의 커뮤니티 기반 연결은 콘텐츠커머스를 일회성 구매에서 반복적, 관계 중심 소비로 발전시키는 토대를 제공한다.

이처럼 소비자가 콘텐츠를 선택하고, 평가하며, 재가공하고, 공유하고, 때로는 창작에까지 참여하는 구조는 브랜드와 미디어 환경을 본질적으로 변화시킨다. 콘텐츠를 중심으로 소비자가 능동적으로 참여하는 시대에는 단순한 제품 설명 콘텐츠보다, 감정적·이야기적 설득력을 지닌 콘텐츠, 그리고 팬덤과 커뮤니티를 동시에 고려한 콘텐츠 전략이 필요하다.

실제 시장에서도 이러한 소비자 주도형 소비 변화는 콘텐츠커머스 성공 여부를 가늠하는 주요 변수가 되고 있다. 브랜드는 콘텐츠가 바이럴되거나 팬덤 커뮤니티와 연결될 수 있도록 설계하며, 소비자 피드백을 실시간으로 반영한 콘텐츠 리뉴얼 전략을 구사한다. 크리에이터와 브랜드가 협업할 때도, 해당 크리에이터의 팬들이 어떤 콘텐츠 유형에 반응하는지를 철저히 분석하고 그에 맞춰 커머스 구조를 설계한다.

콘텐츠커머스는 단순히 콘텐츠로 물건을 파는 구조가 아니다. 콘텐츠를 통해 소비자의 감정, 참여, 커뮤니케이션을 유도하고, 그것이 다시 제품 구매로 연결되는 '경험 중심 경제'의 일환이다. 소비자가 콘텐츠를 통해 브랜드와 의미 있는 관계를 맺고, 브랜드 역시 소비자의 참여를 수용하고 환류시키는 구조를 만들어야 지속 가능성이 확보된다. 소비자 주도형 미디어 소비의 시대, 실무자는 콘텐츠커머스를 단순 유통 전략이 아닌, 소비자와 관계를 설계하는 커뮤니케이션 전략으로 재정의해야 한다.

글로벌 콘텐츠커머스 트렌드

글로벌 콘텐츠커머스는 각국의 디지털 인프라, 소비자 성향, 플랫폼 환경에 따라 다양한 방식으로 진화하고 있으며, 콘텐츠와 커머스가 결합하는 전략도 문화적 맥락 속에서 다르게 전개되고 있다. 중국은 콘텐츠커머스, 특히 라이브커머스 부문에서 세계를 선도하고 있다. 타오바오 라이브, 더우인(중국판 틱톡), 콰이쇼우 등은 실시간 방송과 쇼핑이 결합된 형식을 통해 대중화에 성공하였다. 소비자는 라이브 방송을 시청하면서 실시간으로 제품 시연을 확인하고, 판매자 또는 인플루언서와 직접 소통하며 즉시 구매를 진행한다. 이러한 방식은 정보 제공과 신뢰 확보를 동시에 가능하게 하며, 높은 구매 전환율을 기록하게 한다.

중국의 콘텐츠커머스는 단순한 제품 판매를 넘어, 엔터테인먼트와 결합된 상호작용형 미디어 커머스로 발전하고 있다. 또, AI 기반 추천 시스템을 통해 개인 맞춤형 콘텐츠 제공이 강화되고 있으며, MCN(Multi-Channel Network)을 활용한 인플루언서 전략이 브랜드 인지도 제고에 효과적으로 작용한다.

미국은 틱톡, 유튜브 쇼츠, 인스타그램 릴스 등 숏폼[07] 중심의 콘텐츠커머스가 활발하게 전개되고 있다. 특히 Z세대를 중심으로 영상 기반 커머스가 일상화되고 있는데, 브랜드들은 콘텐츠의 짧은 임팩트와 감각적 편집을 활용해 제품을 인지시키고 구매로 연결시키는 전략을 사용한다. 틱톡 샵은 영상과 구매 기능이 통합된 형태로, 콘텐츠 감상과 쇼핑을 단절 없이 연결시키는 특징을 가진다.

또한 미국 시장에서는 크리에이터 이코노미가 콘텐츠커머스 확산의 핵심 동력으로 작용하고 있다. 수십만 명 이상의 팔로워를 보유한 크리에이터는 브랜드와 협업해 커스터마이즈된 콘텐츠를 제작하고, 유튜브, 인스타그램, 트위터 등 복수의 플랫폼을 통해 상품을 노출시킨다. AI 기반의 정교한 타깃팅 시스템은 이러한 콘텐츠가 잠재고객에게 적시에 도달할 수 있도록 지원한다.

유럽은 옴니채널 전략을 바탕으로 콘텐츠커머스를 운영한다. 온라인과 오프라인을 연계한 소비 여정이 일반화되어 있으며, 소비자는 온라인에서 정보를 탐색한 후 오프라인 매장에서 실제 체험을 거쳐 구매를 결정하는 경향이 강하다. 이에 따라 유럽 브랜드는 온라인 콘텐츠와 오프라인 경험을 유기적으로 연결하고, 제품의 품질뿐

---

07) 숏폼: 유튜브(쇼츠), 인스타그램(릴스) 등에서 제공하는 짧은 영상 콘텐츠 기능

아니라 브랜드가 지닌 철학과 지속가능성을 콘텐츠를 통해 전달하려는 시도를 강화하고 있다.

유럽은 또한 환경과 윤리적 소비에 대한 관심이 높아, 친환경 브랜드, 사회적 가치 중심 브랜드가 콘텐츠커머스를 통해 소비자와 깊은 정서적 연결을 시도하고 있다. **ESG**(환경, 사회, 거버넌스)를 주제로 한 콘텐츠, 공정무역 상품 관련 영상, 로컬 기반 스토리텔링 등이 이 지역에서 효과적인 콘텐츠커머스 전략으로 작동한다.

동남아시아는 모바일 중심의 콘텐츠커머스가 급성장하고 있는 대표 지역이다. 인구 구조상 젊은층의 비중이 높고, 모바일 중심의 미디어 소비가 일반화되어 있다. 쇼피, 라자다, 틱톡 등 플랫폼은 숏폼 콘텐츠와 커머스를 결합한 기능을 제공하며, 라이브커머스를 통한 실시간 판매 역시 활발히 이루어지고 있다. 특히 틱톡 샵은 이 지역의 콘텐츠커머스를 빠르게 성장시키고 있으며, 인플루언서와의 협업을 통해 신뢰 기반의 제품 소개와 판매가 병행되고 있다.

동남아 시장의 특성은 '가볍고 빠르며 직관적인 소비'로 요약된다. 이에 맞춰 브랜드는 화려한 연출보다는 실용적인 제품 리뷰, 가격 정보, 사용 팁 등을 중심으로 콘텐츠를 구성하고, 모바일 최적화된 구매 경험을 제공함으로써 전환율을 높이고 있다. 모바일 결제 시스템의 발달 역시 이러한 흐름을 가속화하고 있다.

이처럼 지역별 콘텐츠커머스의 방식은 상이하지만, 몇 가지 공통된 글로벌 트렌드가 확인된다. 첫째, 콘텐츠는 점점 더 짧고 직관적인 포맷으로 진화하고 있으며, 숏폼 중심의 콘텐츠커머스가 확산되고 있다. 둘째, 개인화된 콘텐츠 제공이 중요해지고 있으며, AI 기반 추천 시스템의 정교화가 콘텐츠커머스의 성패를 좌우한다. 셋째, 인플루언서와 크리에이터와의 협업이 브랜드 인지도와 신뢰 형성의 핵심 전략으로 자리잡고 있다. 넷째, 브랜드의 사회적 가치와 윤리성을 콘텐츠에 담아내는 것이 소비자의 충성도를 확보하는 수단으로 활용된다.

글로벌 콘텐츠커머스는 단순히 기술적 진보에 의존하는 것이 아니라, 지역별 소비자와 문화에 대한 깊은 이해를 바탕으로 설계해야 한다. 실무자는 각 시장의 특성과 플랫폼 트렌드, 소비자의 감성적 코드까지 반영한 전략적 콘텐츠커머스를 기획함으로써, 글로벌 시장에서의 경쟁 우위를 확보할 수 있어야 한다.

중국의 라이브커머스 혁명

중국은 전 세계에서 콘텐츠커머스, 특히 라이브커머스의 발전 속도와 규모 면에서 가장 선도적인 국가가 되었다. 단순한 유행을 넘어 산업 구조 자체를 변화시킨 중국의 라이브커머스는 콘텐츠와 커머스의 경계를 허물고 새로운 소비 문화를 창출하였다.

중국의 라이브커머스는 2016년 알리바바 산하의 '타오바오 라이브(Taobao Live)'를 통해 본격적으로 상용화되기 시작하였다. 당시 알리바바는 쇼핑의 새로운 형태로 실시간 방송과 결합한 커머스를 실험했고, 이는 곧 폭발적인 반응을 일으켰다. 소비자는 실시간 방송을 통해 상품 정보를 생생하게 접하고, 인플루언서나 쇼호스트와 소통하면서 신속한 구매 결정을 내릴 수 있었다. 이후 더우인(틱톡 중국판), 콰이쇼우 같은 숏폼 기반 SNS까지 라이브커머스를 도입하면서 그 영향력은 더욱 확대되었다.

〈중국 라이브 커머스 특징〉

| 실시간성 | 상호 작용성 | 인플루언서 중심 판매 구조 | 정교한 추천 시스템 |

중국 라이브커머스의 특징은 크게 네 가지로 정리할 수 있다. 첫째, 실시간성이다. 소비자는 방송을 시청하며 실시간으로 제품을 보고 질문하고 구매까지 완료한다. 상품에 대한 이해가 깊어지고 불신이 줄어들며, 구매 전환율이 비약적으로 상승한다. 둘째, 상호작용성이다. 라이브커머스는 단방향 홍보가 아닌 쌍방향 커뮤니케이션을 기반으로 한다. 소비자는 호스트에게 질문하고 반응하며, 즉석에서 다양한 프로모션과 혜택을 제공받는다.

셋째, 인플루언서 중심의 판매 구조다. 중국에서는 이른바 '왕홍(網紅)'이라 불리는 파워 인플루언서들이 라이브커머스의 핵심 주체로 활약한다. 대표적인 사례로 리자치(李佳琦)는 립스틱 하나로 수백억 원의 매출을 올렸으며, 웨이야(薇娅)는 하루 수백만 명이 시청하는 라이브커머스를 통해 글로벌 브랜드를 판매한다. 이들은 전문 MCN과 계약을 맺고 콘텐츠 기획, 판매 전략, 고객 응대 등 전 과정을 체계적으로 운영한다.

넷째, 기술 기반의 정교한 추천 시스템이다. 중국의 라이브커머스 플랫폼은 AI 알고리즘을 활용해 사용자 성향과 시청 이력을 분석하고, 적합한 콘텐츠와 상품을 추천한다. 소비자는 자신의 취향에 맞는 방송을 손쉽게 찾을 수 있고, 이는 시청 시간과 구매율을 높이는 데 큰 역할을 한다.

중국 라이브커머스가 빠르게 정착한 배경에는 몇 가지 구조적 요인이 작용한다. 그 중 하나가 중국의 전자상거래 인프라다. 알리바바, 징둥(JD), 핀둬둬(Pinduoduo) 등 강력한 이커머스 플랫폼이 이미 구축되어 있었고, 이들은 라이브커머스 기능을 자체 앱에 통합해 콘텐츠 소비에서 구매까지의 흐름이 끊기지 않게 제공한다.

결제 시스템의 발전도 꼽을 수 있다. 위챗페이, 알리페이 등 간편 결제 시스템이 일상화되어 있어, 라이브 중에도 버튼 몇 번으로 결제가 가능하다. 이는 충동구매와 즉각적인 소비를 유도하는 데 효과적이다. 당일 배송, 익일 배송이 가능한 수준의 물류와 배송 시스템은 라이브커머스에서 중요한 신뢰 요소로 작용한다.

팬덤 중심의 소비문화도 라이브커머스를 정착시킨 배경 중의 한 요소이다. 중국 소비자는 자신이 선호하는 왕홍이나 쇼호스트에게 높은 충성도를 보이며, 단순히 제품을 구매하는 것이 아닌, 응원과 참여의 일환으로 소비를 실천한다. 이는 곧 브랜드 충성도로 이어지고, 재구매율을 높게 한다. 이러한 구조는 단발성 구매에 그치지 않고 커뮤니티 기반 지속 소비로 확장된다.

중국의 라이브커머스는 전통 유통 구조를 단기간에 압도했을 뿐 아니라, 글로벌 콘텐츠커머스 전략에 큰 영향을 미치고 있다. 한국, 동남아시아, 미국 등도 중국식 모델을 참고해 자국의 플랫폼에 라이브커머스를 도입하고 있으며, 특히 팬덤 중심의 마케팅 전략과 숏폼 기반 실시간 커머스는 보편화되고 있다.

중국의 라이브커머스는 기술, 플랫폼, 소비문화, 인플루언서 네트워크가 결합된 복합 생태계로서 콘텐츠커머스의 미래를 제시한다. 실무자는 단순히 '방송을 통한 판매'가 아닌, 참여, 감정 연결, 신속한 구매, 재방문 유도의 구조를 설계한다. 이를 통해 중국은 브랜드의 커뮤니케이션과 유통이 동시에 이루어지는 거대한 '콘텐츠 기반 상거래 공간'이 형성되고 있다.

북미의 숏폼+쇼핑 모델

북미 콘텐츠커머스의 주요 특징은 '숏폼 콘텐츠'와 '즉각적인 쇼핑 연동'이 결합된 구조에 있다. 미국과 캐나다를 중심으로 한 북미 시장에서는 유튜브 쇼츠, 인스타그램 릴스, 틱톡 등 숏폼 영상 플랫폼을 기반으로 커머스 기능이 확장되며, 콘텐츠 소비에서 제품 구매로 이어지는 새로운 소비 여정이 보편화 되고 있다.

틱톡은 숏폼 중심의 SNS 중에서도 가장 큰 영향력을 발휘하고 있으며, 2023년부터 본격적으로 '틱톡 샵(TikTok Shop)'을 북미 시장에 도입하면서 숏폼+쇼핑 모델의 새로운 가능성을 보여주고 있다. 사용자는 짧은 15~60초 내외의 영상 콘텐츠를 시청하면서, 콘텐츠 하단 혹은 화면 속의 제품 태그를 통해 직접 구매 페이지로 이동할 수 있다. 이러한 방식은 콘텐츠 감상과 쇼핑 행위를 분리하지 않음으로써 높은 몰입감과 전환율을 유도한다.

이러한 숏폼 커머스의 가장 큰 특징은 콘텐츠가 곧 광고이자 제품 설명서라는 점이다. 단순한 제품 이미지나 기능 소개를 넘어, 실제 사용 장면을 짧고 강렬한 메시지로 담아냄으로써 시청자의 공감을 유도하고 구매욕을 자극한다. 예컨대, 뷰티 크리에이터가 특정 립글로스를 바르며 "단 5초 만에 입술에 생기를 불어넣는 제품"이라고 소개하면, 소비자는 해당 제품의 기능과 효과를 직관적으로 인식한 후 곧바로 구매로 이어질 수 있다.

북미 시장에서는 특히 Z세대를 중심으로 숏폼 소비가 급격히 증가하고 있다. 이들은 브랜드보다는 콘텐츠의 재미, 감성, 공감 포인트를 더 중요하게 여긴다. 이에 따라 브랜드는 공식 계정보다 오히려 개별 크리에이터, 즉 인플루언서를 활용한 콘텐츠커머스 전략을 더 효과적으로 구사한다. 크리에이터는 자신의 팬들과의 신뢰를 바탕으로 제품을 소개하고, 댓글과 DM 등을 통해 1:1 소통을 유도하며 구매 장벽을 허문다.

숏폼+쇼핑 모델은 플랫폼 측의 기술적 진보와도 밀접하게 연동된다. 틱톡, 메타(인스타그램), 유튜브는 AI 기반 추천 시스템을 고도화하여 사용자가 관심 가질 콘텐츠와 제품을 선제적으로 노출한다. 또한 영상 내 쇼핑 기능, 결제 연동 시스템, 실시간 재고 정보 제공 등을 통해 사용자의 쇼핑 편의성을 극대화한다.

예를 들어, 유튜브는 '쇼핑 가능한 영상(Shoppable Videos)' 기능을 강화해 크리에이터가 소개하는 제품 정보를 동영상 내에서 바로 확인하고 구매할 수 있게 하며, 인스타그램 역시 '쇼핑 태그'를 활용해 피드나 릴스 내에서 브랜드 상품을 클릭 한 번으로 구매할 수 있게 한다. 이처럼 플랫폼 자체가 커머스를 위한 인프라를 제공함으로써 숏폼 콘텐츠커머스가 실질적인 매출 채널로 기능하게 한다.

　북미의 숏폼+쇼핑 모델은 스토리텔링과 몰입감을 핵심으로 한다. 단순한 할인 정보 전달보다 '어떻게 쓰는가', '왜 필요한가'를 감각적으로 표현하며, 이는 브랜디드 콘텐츠의 정교한 진화 형태라 할 수 있다. 이때 콘텐츠는 제품을 '소개'하는 것을 넘어 브랜드의 정체성을 '경험'하게 만드는 도구가 된다. 음악, 자막, 화면 구성, 색감 등을 통해 브랜드의 개성을 담아내고, 소비자는 짧은 시간 안에 브랜드의 이미지와 가치를 직관적으로 받아들이게 된다.

　브랜드들은 크리에이터와 협업하여 챌린지, 리뷰, 브이로그(Vlog), 튜토리얼, 개봉기 등 다양한 형식의 콘텐츠를 제작하며, 이를 통해 자연스러운 상품 노출과 바이럴 효과를 동시에 얻는다. 특히 북미에서는 'UGC(User Generated Content)[08]'가 큰 영향을 끼치며, 브랜드가 아닌 소비자가 만든 콘텐츠가 또 다른 소비자의 구매 결정을 유도하는 역할을 한다. 이를 통해 콘텐츠커머스가 단지 마케팅이 아니라 '사회적 소비'의 일환으로 기능하고 있음을 알 수 있다.

　북미의 숏폼+쇼핑 모델은 콘텐츠 소비와 상품 구매의 경계를 허물고, 콘텐츠 자체를 구매 행동의 트리거로 활용하는 방식으로 진화

---

08) UGC(User Generated Content): 일반 사용자가 자발적으로 만든 콘텐츠(리뷰, 후기 영상 등)

하고 있다. 실무자는 콘텐츠커머스를 기획할 때 '짧고 빠른 전달' 속에서도 브랜드의 가치, 제품의 사용 경험, 감정적 메시지를 효과적으로 전달할 수 있는 전략이 필요하다. 북미 시장의 소비자는 스크롤 속도만큼 빠르게 브랜드를 평가하고 이탈하므로, 콘텐츠커머스는 강한 인상-빠른 몰입-즉시 구매로 이어지는 흐름을 설계해야 한다. 숏폼은 이제 단순한 콘텐츠 포맷이 아니라, 브랜드와 소비자가 만나는 가장 밀접한 상호작용 공간이 되었다.

한국의 카카오·네이버·틱톡 플랫폼 진화

한국의 콘텐츠커머스 시장은 플랫폼 주도의 고도화된 생태계를 바탕으로 빠르게 성장하고 있다. 특히 카카오, 네이버, 틱톡은 각기 다른 전략과 기술을 통해 콘텐츠와 커머스를 결합하고 있으며, 이들 플랫폼은 유통 채널이자 콘텐츠 유통 플랫폼, 그리고 브랜드 커뮤니케이션 수단으로 기능하고 있다.

네이버는 검색 중심의 포털에서 커머스 중심의 플랫폼으로 진화하면서 '네이버 쇼핑라이브'를 핵심 서비스로 육성한다. 네이버 쇼핑라이브는 실시간 방송을 통해 제품을 소개하고, 실시간 채팅과 퀴즈 이벤트, 한정 수량 할인 등을 결합하여 소비자의 몰입과 구매를 유도한다. 특히 자사 스마트스토어와 연동되어 상품 등록부터 판매, 결제, 정산까지 원스톱으로 이루어진다는 점에서 콘텐츠와 커머스의 통합 플랫폼으로 기능하고 있다.

　네이버는 또한 '인플루언서 검색'과 '라이브 커머스 통계 리포트' 기능을 통해 콘텐츠 생산자와 판매자를 연결하고, 이들의 콘텐츠 성과를 분석할 수 있도록 지원한다. 이를 통해 브랜드는 소비자의 반응을 실시간으로 파악하고 전략을 수정할 수 있으며, 인플루언서는 자신의 팬 기반을 활용해 높은 전환율을 기록한다.

　카카오는 카카오톡 채팅 기반의 커머스와 콘텐츠 연결에 주력한다. '카카오톡 채널'과 '톡스토어'를 중심으로 브랜드가 직접 팔로워에게 신제품 출시, 할인 정보, 콘텐츠 등을 전달하며, 챗봇 기반 상담과 함께 구매 링크를 제공함으로써 콘텐츠 소비와 쇼핑을 연결한다. 최근에는 '카카오 메이커스'를 통해 콘텐츠 기반의 사전 주문 시스템도 운영하며, 스토리텔링 기반 제품 소개와 한정 수량 방식으로 소비자의 구매 욕구를 자극한다.

　또한 카카오는 카카오TV, 브런치, 포스트 등 콘텐츠 플랫폼을 통해 브랜디드 콘텐츠의 유통을 강화하고 있다. 예능, 리뷰, 브이로그(Vlog), 인터뷰 등 다양한 콘텐츠 포맷을 활용해 제품을 소개하고, 이를 카카오 커머스와 연동함으로써 콘텐츠 기반의 커머스 경험을 확장하고 있다.

　틱톡은 글로벌 트렌드에 발맞추어 한국 시장에서도 '틱톡 샵' 기능을 강화하고 있다. 숏폼 영상 내에서 제품 태그 삽입, 자동 상품 연결, AI 기반 추천 기능 등을 통해 Z세대를 중심으로 빠르게 확산되고 있으며, 특히 유명 인플루언서와의 협업을 통해 감각적인 영상 콘텐츠를 제작하여 고전적인 광고 문법과는 다른 방식으로 구매를 유도한다.

틱톡의 강점은 시청자의 집중도가 높은 짧은 영상 안에 감성적 메시지, 제품 사용 장면, 실용 정보 등을 압축적으로 담아낸다는 점이다. 이러한 포맷은 영상 자체가 브랜드 경험의 일환이 되며, 콘텐츠를 소비하는 동시에 브랜드에 대한 인식과 호감이 형성된다. 또한, 음악, 챌린지, 필터 등 틱톡만의 인터랙션 요소는 참여 기반 콘텐츠 커머스를 활성화하는 데 중요한 역할을 한다.

한국 콘텐츠커머스 플랫폼들의 공통점은 고도화된 커머스 연동 시스템, 실시간 소비자 반응 분석, 콘텐츠 다양화 전략으로 요약할 수 있다. 이들은 단순한 판매 플랫폼이 아닌, 브랜드가 콘텐츠를 통해 소비자와 연결되고, 피드백을 통해 상품 전략을 세밀하게 조정할 수 있는 '양방향 커뮤니케이션 플랫폼'으로 기능하고 있다.

한국의 플랫폼 진화는 콘텐츠커머스를 단순 마케팅 전략이 아닌 비즈니스 모델의 중심축으로 변화시키고 있다. 실무자는 이러한 플랫폼별 전략과 기능을 면밀히 분석하고, 자사 브랜드에 적합한 채널과 포맷, 협업 모델을 설계할 수 있어야 한다. 카카오, 네이버, 틱톡 각각의 플랫폼이 제공하는 커머스 생태계를 이해하고, 콘텐츠와 쇼핑을 통합하는 전환 중심의 설계가 곧 경쟁력으로 직결된다.

핵심 콕콕

구분	주요 내용	설명
정의	콘텐츠 + 커머스 융합	콘텐츠를 통해 자연스럽게 상품 구매로 연결되는 디지털 마케팅 방식
유형	정보 기반형	제품 리뷰, 비교 분석 등 정보 중심 콘텐츠
	오락 기반형	스토리텔링·예능 등 오락 콘텐츠 속 자연 노출
	감성 기반형	감정 이입 유도 콘텐츠(라이프스타일, 감성 영상 등)
소비 여정 변화	전통: 목적 중심 소비	검색 → 비교 → 구매
	변화: 경험·감성 중심 소비	노출 → 몰입 → 공감 → 구매
콘텐츠 커머스 방식	스토리텔링 기반	캠핑/여행 콘텐츠 속 상품 자연 노출
	크리에이터 기반	유튜버, 인스타그래머 등이 직접 판매
	실시간 기반	라이브커머스 통한 쌍방향 소통 및 즉시 구매 유도
기술 요소	플랫폼 기능	쇼핑 태그, 링크 삽입, 자동 구매 전환 UX
	AI 추천	콘텐츠·상품 개인 맞춤 추천, 전환율 최적화
글로벌 트렌드	중국	타오바오 라이브 중심, 왕훙(網紅) 기반 팬덤 소비
	북미	틱톡 샵·쇼츠 중심 숏폼+쇼핑 구조
	유럽	옴니채널+지속가능성 콘텐츠(ESG, 브랜드 가치)
	동남아	모바일 기반, 실용적 숏폼+라이브커머스 중심
주요 플랫폼 전략	네이버	쇼핑라이브+스마트스토어 연동, 실시간 구매 유도
	카카오	톡스토어, 메이커스 통한 스토리 기반 예약 판매
	틱톡	감성적 숏폼 콘텐츠 + 상품 태그로 Z세대 공략
전략 방향	실무 포인트	① 감성 중심 콘텐츠 기획 ② 세대별 맞춤 UX 설계 ③ 팬덤·커뮤니티 기반 관계 설계 ④ 콘텐츠 → 커머스 흐름 최적화

PART 2

콘텐츠커머스를 바꾸는 AI 기술

콘텐츠 기획과 제작의 자동화

AI 기술의 발전은 콘텐츠커머스의 기획과 제작의 전 과정을 근본적으로 변화시키고 있다. 기존에는 수작업으로 기획서를 작성하고, 기획자와 디자이너, 영상 제작자가 긴밀히 협업해야만 완성되던 콘텐츠가 이제는 AI 기술을 통해 기획부터 제작, 배포까지 자동화되는 구조로 전환되고 있다. 이는 시간과 비용을 획기적으로 절감하고, 실험적 콘텐츠 제작의 진입 장벽을 낮추는 결정적 계기를 제공한다.

가장 먼저 변화가 나타나는 영역은 콘텐츠 기획 자동화다. AI는 방대한 데이터를 분석해 소비자의 관심 주제, 키워드 방향, 검색량, 구매 전환율이 높은 콘텐츠 유형을 도출한다. 이를 기반으로 콘텐츠 아이디어를 추천하고, 적합한 콘텐츠 형식을 제안하며, 제목, 해시태그, 대표 이미지까지 자동 생성할 수 있다. 특히 GPT 기반 생성형

AI[01]는 스크립트, 기사, 리뷰 콘텐츠를 빠르게 생산하며, 실무자의 기획 시간을 획기적으로 단축한다.

다음으로 주목할 영역은 콘텐츠 제작의 자동화다. 영상 편집, 이미지 보정, 음성 더빙, 자막 삽입 등 콘텐츠 제작에 필요한 여러 공정들이 AI로 자동 처리된다. 예를 들어, 영상 편집 AI는 촬영된 원본 영상에서 하이라이트 장면을 자동 추출하고, 음악과 템플릿을 적용해 1분 내외의 숏폼 영상을 자동 생성한다. 이미지 AI는 제품 사진의 배경을 제거하고 고해상도로 보정하며, 다양한 스타일로 렌더링한다.

최근에는 디지털 휴먼[02]을 활용한 콘텐츠 제작이 가능해졌다. AI로 생성된 가상의 모델이나 쇼호스트가 상품을 소개하고 설명하는 영상이 등장하고 있으며, 이는 브랜드 인건비 절감과 콘텐츠 제작 속도 향상에 기여한다. 예를 들어, 뷰티 브랜드는 **AI 쇼호스트를 활용해 24시간 내내 제품을 설명하는 라이브형 콘텐츠를 운영할 수 있으며, 다국어 음성 더빙 기능도 포함되어 글로벌 커머스를 겨냥한 다채널 콘텐츠 운영이 가능하다.**

콘텐츠 제작 자동화는 개인화 마케팅과도 밀접하게 연결된다. AI는 소비자 행동 데이터를 분석해 각 고객에게 최적화된 콘텐츠를 자동 제작할 수 있다. 이메일 마케팅 콘텐츠, 맞춤형 추천 영상, 관심사 기반 상품 리뷰 콘텐츠 등이 대표적이다. 특히 제품 페이지에 고

---

01) 생성형 AI(Generative AI): 텍스트, 이미지, 영상 등 새로운 콘텐츠를 생성할 수 있는 AI 기술(예 ChatGPT, DALL·E, Midjourney 등)
02) 디지털 휴먼: AI 기술로 만든 가상의 사람 캐릭터(예 AI 쇼호스트, 가상 인플루언서 등)

객이 가장 반응할 만한 이미지나 영상 콘텐츠를 실시간으로 삽입하는 기술은 전환율을 비약적으로 끌어올리는 효과를 낸다.

이와 더불어 콘텐츠 테스트 및 최적화의 자동화도 AI 기술이 강점을 발휘하는 영역이다. A/B 테스트 자동화 솔루션은 썸네일, 문구, 영상 길이 등을 실시간으로 비교 분석하고, 클릭률이나 구매 전환율이 높은 콘텐츠로 자동 교체한다. 이를 통해 실무자는 감에 의존한 기획이 아니라, 데이터 기반의 콘텐츠 전략 수립이 가능해진다.

AI 기반 콘텐츠 자동화 기술은 브랜드 규모와 무관하게 활용 가능하다는 장점도 있다. 대기업은 물론 중소기업, 1인 창작자까지도 저비용으로 콘텐츠커머스 환경에 진입할 수 있으며, 이는 전체 콘텐츠 생태계의 다양성과 실험성을 확대하는 효과로 이어진다. 특히 스타트업이나 브랜드 초기 단계에서는 빠른 콘텐츠 제작과 반복 실험이 중요한데, AI 자동화는 이러한 니즈를 충족시켜 준다.

그러나 콘텐츠 자동화의 확산은 몇 가지 주의점도 동반한다. 콘텐츠 품질의 균일화 문제다. 많은 브랜드가 유사한 스타일의 콘텐츠를 양산할 경우, 차별성과 창의성이 떨어질 수 있다. 브랜드 감성 전달의 한계도 동반된다. 감성적 연결, 브랜드 철학, 창의적 연출 등은 여전히 인간 중심의 기획이 필요하다. 따라서 실무자는 AI가 자동화한 콘텐츠를 최종 편집하고 조율하는 '콘텐츠 전략가'의 역할을 강화해야 한다.

콘텐츠 기획과 제작의 자동화는 콘텐츠커머스를 시간과 비용 측면에서 혁신시키고 있으며, 데이터 기반의 정교한 마케팅 실행을 가능하게 한다. 실무자는 AI 기술을 단순한 보조도구로 인식하는 데 그치지 않고, 이를 기반으로 콘텐츠 전략의 기획, 실행, 분석 전반을 통합 관리하는 방향으로 사고를 전환해야 한다. AI는 인간을 대체하는 기술이 아니라, 인간의 창의적 역량을 콘텐츠 비즈니스에 전략적으로 확장시키는 수단이 되어야 한다.

생성형 AI의 이미지, 영상, 텍스트 활용

생성형 AI(Generative AI)는 콘텐츠커머스의 핵심 자산인 이미지, 영상, 텍스트를 자동으로 생성하고 편집하는 기술로, 콘텐츠 제작의 혁신을 이끌고 있다. 이 기술은 단순한 자동화 수준을 넘어, 실질적인 크리에이티브를 대체하거나 보완하며 실무자의 업무 방식을 근본적으로 바꾸고 있다.

이미지 생성과 보정에 있어 생성형 AI는 가장 빠르게 상용화되고 있는 영역이다. 미드저니(Midjourney), 소라(SORA), 달리(DALL·E)와 같은 AI 모델은 텍스트 프롬프트만으로 제품 이미지, 배경 디자인, 캐릭터 일러스트 등을 자동 생성할 수 있게 한다. 이는 제품 촬영에 필요한 비용과 시간을 획기적으로 줄이고, 다양한 시각 스타일을 테스트할 수 있는 유연성을 제공한다.

예를 들어, 브랜드가 "빈티지 스타일의 주방에서 조명을 받은 와인병 사진"이라는 프롬프트를 입력하면, AI는 이를 즉시 이미지로 생성해 콘텐츠에 활용 가능하도록 한다. 또, 기존 제품 이미지를 리터칭하거나 배경을 변경하는 데에도 AI는 강력한 성능을 발휘한다. 이는 특히 패션, 뷰티, 인테리어, 식음료 산업에서 제품을 다양한 맥락과 라이프스타일 속에서 보여줄 수 있는 콘텐츠 기획에 효과적이다.

영상 생성과 편집 역시 생성형 AI의 대표적 활용 분야다. AI 영상 생성 툴은 실제 인물 없이도 영상 콘텐츠를 제작할 수 있으며, 가상의 쇼호스트, 애니메이션 캐릭터, 디지털 휴먼 등을 등장시켜 제품을 설명하거나 데모를 진행할 수 있게 한다. 예를 들어, 신디시아(Synthesia)나 디아이디(D-ID) 같은 서비스는 텍스트 입력만으로 AI 아바타가 나레이션을 하고 제품을 소개하는 영상을 자동 생성해낸다.

또한, 영상 편집 AI는 수십 개의 클립에서 하이라이트 장면을 자동으로 추출하고, 음악, 자막, 필터를 추가하여 완성도 높은 쇼츠나 릴스를 자동 생성한다. 유튜브, 인스타그램, 틱톡 등 플랫폼별 최적화 포맷도 자동 적용되어 실무자의 영상 콘텐츠 운영 부담을 줄여준다. 이 기술은 특히 라이브커머스 하이라이트 편집, 제품 사용법 안내 영상, 리뷰 요약 콘텐츠 제작 등에 유용하게 활용된다.

텍스트 콘텐츠의 생성과 변환에 있어서 생성형 AI는 마케팅 콘텐츠 생산의 중심 도구로 자리잡고 있다. GPT-4 기반 언어모델은 블로그 글, 상품 설명, 고객 리뷰, SNS 캡션, 이메일 마케팅 문구 등을 자동으로 작성하며, 브랜드 톤앤매너에 맞춰 문장을 재작성하거나 콘텐츠 스타일을 조정할 수 있다. 이를 통해 실무자는 매일 반복적으로 발생하는 콘텐츠 제작 업무에서 해방되고 보다 전략적 기획에 집중할 수 있다.

또한, AI는 다국어 자동 번역과 로컬라이징 기능도 제공해 글로벌 콘텐츠커머스 전략을 지원한다. 영어로 제작된 상품 소개글을 프랑스어, 일본어, 스페인어 등으로 자연스럽게 변환하고, 각 문화권에 맞는 표현으로 수정하는 작업도 실시간으로 처리한다. 이는 자사몰 운영자, 글로벌 브랜드, 크로스보더 셀러(cross-borde seller)[03]에게 매우 유용한 기능이다.

이처럼 이미지, 영상, 텍스트 각각의 생성형 AI 기술은 콘텐츠 유형별 전략적 설계를 가능하게 하며, 브랜드의 기획 역량과 제작 속도를 동시에 강화하는 역할을 한다. 생성형 AI는 단순히 반복 작업을 줄이는 도구를 넘어, 크리에이티브 전략의 중심에 자리 잡고 있으며, 콘텐츠커머스의 기획-생산-유통의 전 과정에 유기적으로 통합되고 있다.

그러나 생성형 AI의 활용에는 몇 가지 윤리적, 실무적 고려가 필요하다. 가장 많이 거론되고 있는 부분이 저작권 문제다. 생성된 이미지나 텍스트가 기존 창작물을 참고한 결과일 경우, 원저작자와의 권리 관계가 모호할 수 있다. 콘텐츠 신뢰성의 확보도 우려되는 부분

---

03) 크로스보더 셀러(cross-borde seller): 국경을 넘어 해외 소비자를 대상으로 상품을 판매하는 판매자

이다. 특히 텍스트 기반 콘텐츠의 경우, AI가 생성한 정보가 정확하지 않을 가능성도 있기 때문에, 실무자는 반드시 검수 단계를 거쳐야 한다.

생성형 AI는 콘텐츠커머스 시대의 실무자에게 막강한 도구이자 동반자가 되고 있다. 브랜드는 이를 통해 보다 다양한 형식과 스타일의 콘텐츠를 빠르게 실험하고, 소비자의 반응에 따라 전략을 조정하며, 콘텐츠 중심 마케팅을 더욱 정교하게 전개할 수 있다. 실무자는 생성형 AI의 원리와 도구에 대한 이해를 바탕으로, 콘텐츠커머스 전략에 맞는 활용법을 체계적으로 설계해야 한다. 이제는 사람이 AI를 보조하는 것이 아니라, AI가 사람의 상상력과 기획력을 확장시키는 시대가 되었다.

AI 기반 콘텐츠 큐레이션과 A/B 테스트

AI 기술은 콘텐츠커머스의 정밀성과 효율성을 극대화하는 도구로 자리 잡고 있으며, 특히 콘텐츠 큐레이션과 A/B 테스트 영역에서 두각을 나타낸다. 과거에는 콘텐츠를 기획하고 유통하며 반응을 분석하는 과정이 수작업 중심으로 이루어졌다면, 이제는 AI 알고리즘이 사용자 데이터를 실시간 분석하고, 그 결과에 따라 콘텐츠를 자동 추천하거나 실험 결과를 기반으로 최적의 콘텐츠를 선별하는 구조로 진화하고 있다.

AI 기반 콘텐츠 큐레이션[04]은 소비자 취향을 실시간으로 분석하고 그에 맞는 콘텐츠를 제공하는 기술을 의미한다. 이는 단순한 콘텐츠

---

04) 콘텐츠 큐레이션: 사용자에게 적합한 콘텐츠를 선별하여 제공하는 전략(AI가 자동으로 선별 가능)

분류 기능을 넘어서, 사용자의 행동 데이터를 기반으로 '지금 이 순간, 이 소비자에게 가장 적합한 콘텐츠는 무엇인가'를 판단하고 추천하는 시스템을 포함한다. 네이버, 유튜브, 쿠팡, 아마존 등 플랫폼은 모두 이러한 알고리즘을 통해 사용자별 피드와 상품 노출 순서를 결정한다.

콘텐츠커머스에서는 이러한 큐레이션 기능이 콘텐츠 소비와 상품 구매의 연결 고리로 작용한다. 예를 들어, 유튜브 알고리즘은 사용자가 시청한 콘텐츠 이력, 관심 키워드, 위치 정보를 바탕으로 다음에 추천할 영상을 자동 선정하고, 이 영상이 특정 브랜드나 상품을 포함할 경우 자연스럽게 구매로 이어지는 구조를 형성한다. 특히 숏폼 콘텐츠가 주를 이루는 환경에서는 콘텐츠 선택 시간이 짧기 때문에, AI가 얼마나 정확하게 취향을 예측하고 콘텐츠를 큐레이션하느냐가 전환율에 직접적인 영향을 미친다.

AI 큐레이션은 텍스트 기반 콘텐츠에서도 효과적으로 작동한다. 예컨대 뉴스레터, 블로그, SNS 피드 구성에서도 사용자 선호도가 반영되어 콘텐츠가 자동 편집되고 배열된다. 이는 브랜드 입장에서는 '누구에게 어떤 콘텐츠를, 어떤 순서로 노출시킬 것인가'를 데이터 기반으로 설계할 수 있게 함으로써 마케팅 성과의 정밀도를 높인다.

A/B 테스트의 자동화와 AI 기반 최적화는 콘텐츠커머스 운영의 효율을 획기적으로 끌어올린다. A/B 테스트란 두 개 이상의 콘텐츠 버전을 동시에 운영하고, 그 반응을 비교하여 더 효과적인 버전을 선택하는 실험 방식이다. 전통적으로는 소수의 실험군을 설정해 사

람이 수동으로 결과를 분석하고 전략을 수정했지만, AI 기술은 이 과정을 실시간으로 자동화한다.

AI는 클릭률(CTR), 구매 전환율(CVR), 시청 지속 시간, 공유 수 등 다양한 데이터를 종합 분석하고, 가장 성과가 높은 콘텐츠 조합을 찾아낸다. 예를 들어, 제품 홍보 영상에서 썸네일 이미지, 제목 문구, 영상 길이, 자막 스타일 등 다양한 요소를 각각 다르게 설정한 콘텐츠를 자동 생성하고, 이를 사용자 집단에 병렬적으로 노출시켜 실시간 결과를 비교한다. 일정 시간 후 AI는 가장 반응이 좋았던 버전을 전체 유저에게 확대 적용하고, 나머지는 자동으로 제외시킨다.

A/B 테스트 자동화는 전환 중심 콘텐츠 전략 수립에 결정적인 기여를 한다. 브랜드는 직관이나 경험에 의존하지 않고, 과학적인 방식으로 소비자 반응을 검증하고 최적의 커뮤니케이션 방식을 지속적으로 실험할 수 있다. 이로써 콘텐츠커머스는 '한 번에 완성된 메시지'가 아니라, '지속적으로 진화하는 전략'이 된다.

AI A/B 테스트는 실시간 반응을 기반으로 콘텐츠를 자동 교체하는 데서 더 나아가, 예측 기반 테스트까지 가능하게 한다. 머신러닝 모델은 과거 유사 캠페인의 성과 데이터를 학습하여, 아직 배포하지 않은 콘텐츠의 반응을 사전에 예측하고, 높은 반응이 기대되는 콘텐츠만 우선 배포하는 방식으로 전략 효율을 극대화한다. 이는 특히 시간과 자원이 제한적인 중소 브랜드에게 매우 유용하다.

또한 A/B 테스트 자동화는 멀티채널 콘텐츠 전략 수립에도 효과를 발휘한다. 같은 콘텐츠라도 유튜브, 인스타그램, 쇼핑몰, 블로그 등 플랫폼마다 최적화 요소가 다르기 때문에 AI는 플랫폼별 콘텐츠 성과를 비교 분석하고 각 채널에 맞는 최적의 포맷과 메시지를 도출할 수 있다. 이를 통해 실무자는 콘텐츠를 일괄 배포하는 대신, 플랫폼별 소비자 특성과 반응 데이터를 기반으로 콘텐츠를 세밀하게 설계하게 된다.

AI 기반 콘텐츠 큐레이션과 A/B 테스트 자동화는 콘텐츠커머스를 단순 생산과 유통의 영역을 넘어 데이터 기반 전략 설계의 영역으로 확장시킨다. 실무자는 콘텐츠를 만들어내는 것에서 그치지 않고, 콘텐츠의 성과를 예측하고 실시간 피드백을 기반으로 전략을 조정하며 더 높은 전환율을 위한 구조적 실험을 반복해야 한다. AI는 이러한 과정에서 반복 작업을 줄이고 기민한 의사결정을 도와주는 핵심 도구가 된다. 결국 콘텐츠커머스는 감성과 데이터가 융합된 구조 속에서 AI를 통해 더욱 정밀하고 민첩하게 진화한다.

AI와 고객 데이터 분석

　AI는 콘텐츠커머스 환경에서 고객 데이터를 정교하게 분석하고 이를 바탕으로 맞춤형 마케팅 전략을 수립하는 데 핵심적인 역할을 한다. 과거에는 고객 데이터를 단순히 구매 이력이나 인구통계학적 정보 수준에서 활용했다면, 오늘날의 AI 기반 분석은 행동 데이터, 감성 반응, 관심 주제 등 다차원적인 데이터를 실시간으로 통합 분석하며 개인화된 콘텐츠 제작과 커머스 전략으로 직접 연결시킨다.

　고객 데이터의 수집 범위와 방식의 고도화는 마케팅의 제일 중요한 과정이다. 사용자가 콘텐츠를 클릭하는 순간부터 머무는 시간, 시청한 영상의 종류, 스크롤 속도, 좋아요나 댓글 같은 상호작용, 장바구니 추가 이후의 행동, 구매 결정까지 모든 행동 데이터가 AI의 분석 대상이 된다. 이 과정에서 AI는 고객의 명시적 선호뿐 아니라 암묵적인 관심사와 감정 흐름까지 추론한다.

예를 들어 한 고객이 뷰티 관련 쇼츠 영상을 3초 이상 시청하고 댓글을 확인한 뒤 다음 콘텐츠로 넘어갔다면 AI는 그가 해당 제품군에 중간 정도의 관심을 보였다고 판단하고, 유사 카테고리의 콘텐츠를 재노출하거나 할인 정보 콘텐츠로 리타겟팅할 수 있다. 이처럼 AI는 단순한 행동 로그를 해석하여 구매 가능성 예측 모델을 실시간으로 구축한다.

이러한 분석은 콘텐츠커머스의 퍼널[05] 설계에도 직접적인 영향을 미친다. AI는 고객 여정을 인지 단계(awareness), 고려 단계(consideration), 구매 단계(purchase), 유지 단계(retention)로 구분하고, 각 단계에 최적화된 콘텐츠 유형을 제안한다. 예를 들어 인지 단계에서는 브랜디드 콘텐츠나 챌린지 영상이, 고려 단계에서는 사용 후기나 비교 리뷰 콘텐츠가, 구매 단계에서는 한정 이벤트나 실시간 할인 정보가 효과적으로 작용하는 콘텐츠로 자동 매칭된다.

또한 고객 세분화(segmentation) 기능은 AI 분석의 핵심이다. AI는 전체 고객을 나이, 성별, 지역 등의 전통적인 기준 외에도 콘텐츠 반응 패턴, 감성 키워드, 라이프스타일 코드 등 다양한 기준으로 분류한다. 이를 통해 '실용성 중심 구매자', '감성 반응형 소비자', '정보 기반 비교 구매자' 등 세부 타깃군을 정의하고, 각 군집에 맞는 콘텐츠커머스 전략을 정밀하게 설계할 수 있다.

AI 기반 고객 분석은 실시간 마케팅 자동화와도 연결된다. 고객이

---

05) 퍼널(Funnel): 유입 → 관심 → 구매 → 재구매 등으로 이어지는 고객 여정 단계

특정 행동을 보였을 때, 즉시 해당 반응에 최적화된 콘텐츠를 자동 발송하거나 푸시 알림을 보내는 전략이 가능하다. 예컨대, 한 사용자가 특정 상품을 2회 이상 클릭했지만 구매하지 않았다면, AI는 그에 맞춰 후기 콘텐츠를 노출하거나 10% 할인 쿠폰을 자동 발송하는 시나리오를 실행할 수 있다. 이는 전환율 향상뿐 아니라 고객 경험 최적화에도 기여한다.

한편, 고객 이탈 예측 및 관리에서도 AI는 중요한 역할을 수행한다. 장바구니에 담긴 제품을 일정 기간 이상 방치하거나, 일정 주기 이상 콘텐츠 소비가 줄어드는 행동이 반복될 경우, AI는 이탈 가능성이 높은 고객으로 분류하고, 해당 고객을 유지하기 위한 맞춤 콘텐츠나 혜택을 자동 설계한다. 예를 들어, 재방문을 유도하는 큐레이션 뉴스레터, 한정판 콘텐츠 공개, 감사 메시지 콘텐츠가 자동 제공된다.

더 나아가 AI는 고객 생애가치(LTV: Lifetime Value)를 예측해 마케팅 전략의 우선순위를 정한다. 구매 빈도, 콘텐츠 반응률, 추천 이력, 후기 남김 여부 등 다양한 요소를 종합하여 장기 고객으로 전환될 가능성이 높은 소비자를 선별하고, 이들에게는 프리미엄 콘텐츠, 신규 상품 베타 테스트 기회 등 차별화된 전략을 적용한다.

AI 기반 고객 데이터 분석은 브랜드 전략 수립에도 장기적인 통찰을 제공한다. 어떤 제품군에서 고객 충성도가 높게 나타나는지, 어떤 유형의 콘텐츠가 장기적 관계 형성에 기여하는지, 어떤 경로에서 이탈률이 높은지를 분석하여 브랜드 전체의 콘텐츠 운영 전략, 상품 기획 방향, UX 개선 과제까지 도출할 수 있다.

이처럼 AI는 고객 데이터를 단순히 수집하고 보관하는 도구가 아니라, 콘텐츠커머스를 설계하고 운영하는 전략적 사고의 출발점으로 작동한다. 실무자는 AI 분석 결과를 단순 리포트로 받아보는 데 그치지 않고, 이 데이터를 콘텐츠 기획, 타깃 전략, 마케팅 실행, 커뮤니케이션 방식 전반에 반영하여 실질적인 퍼포먼스로 연결시켜야 한다. AI와 데이터는 결국 고객 이해의 깊이를 넓히는 도구이며, 고객 중심 콘텐츠커머스를 실현하는 핵심 기반이다.

추천 알고리즘과 개인화 마케팅

콘텐츠커머스의 성패는 점점 더 '개인화'에 달려 있다. 무수히 많은 콘텐츠와 상품이 존재하는 디지털 환경에서, 고객은 자신에게 맞는 콘텐츠와 제품만을 소비하고자 한다. 이때 AI 추천 알고리즘은 고객의 기호와 행동을 실시간으로 분석해 최적의 콘텐츠와 상품을 제안함으로써 콘텐츠커머스의 전환율을 비약적으로 끌어올린다.

추천 알고리즘 작동 방식은 몇 개의 방식으로 나눈다. 콘텐츠 기반 필터링(content-based filtering)은 사용자의 과거 행동 데이터를 분석하여 유사한 속성을 가진 콘텐츠를 추천하는 방식이다. 예를 들어, 사용자가 특정 브랜드의 여성 가방을 여러 번 클릭하거나 구매한 이력이 있다면, AI는 색상, 디자인, 가격대가 비슷한 다른 가방을 추천하게 된다. 이 방식은 개인의 선호 특성을 비교적 정확히 반영한다.

협업 필터링(collaborative filtering)은 동일한 콘텐츠에 관심을 가진 다른 사용자들의 행동 데이터를 바탕으로 추천을 제공한다. "이 상품을 구매한 사람은 이런 상품도 좋아했습니다"라는 문구로 대표되는 방식이다. 이 추천은 개인의 과거 기록이 적을 경우에도 다른 유사 사용자 군의 행동을 활용해 다양한 제안을 가능하게 한다.

하이브리드 방식(hybrid approach)[06]은 콘텐츠 기반과 협업 필터링을 결합해 추천의 정밀도를 높인다. 여기에 딥러닝 기반의 자연어 처리(NLP)나 이미지 인식 기술을 결합하면, 사용자의 언어적 감성, 시각적 선호까지 반영된 고차원의 추천이 가능해진다.

추천 알고리즘은 고객 여정의 각 단계에 맞춰 작동한다. 초입 단계에서는 폭넓은 추천을 제공해 관심사를 탐색하게 하고, 중간 단계에서는 비교 분석을 위한 유사 콘텐츠를 노출하며, 구매 직전에는 강한 콜투액션(CTA)을 포함한 콘텐츠로 전환을 유도한다. 예컨대, 실시간 할인 정보, 타임세일 콘텐츠, 인기 순위 기반 리뷰 영상이 여기에 해당한다.

특히 AI는 고객의 실시간 반응을 지속적으로 학습하며, 추천 알고리즘의 정확도를 개선한다. 사용자가 특정 콘텐츠를 끝까지 시청했는가, 어느 지점에서 이탈했는가, 좋아요나 댓글을 남겼는가와 같은 데이터를 수집하여, 향후 추천의 기준으로 삼는다. 이는 콘텐츠 자

---

06) 하이브리드 추천 시스템: 콘텐츠 기반 추천과 협업 필터링을 결합한 맞춤형 추천 알고리즘 방식

체의 품질 개선에도 반영되며, 브랜드는 어떤 톤과 메시지의 콘텐츠가 전환에 효과적인지 데이터 기반으로 판단할 수 있다.

개인화 마케팅은 추천 알고리즘을 기반으로 다양한 접점에서 실현된다. 대표적으로 이메일 마케팅에서는 고객이 최근 본 상품, 관심 카테고리, 장바구니 정보 등을 바탕으로 개인화된 제목과 콘텐츠가 자동 생성된다. 앱 푸시 알림은 특정 시간대, 구매 패턴, 날씨 정보 등을 종합해 개인화 메시지를 보낸다. 예컨대, "비 오는 날씨엔 따뜻한 커피가 어울려요 – 지금 할인 중입니다" 같은 메시지는 콘텐츠의 문맥성과 고객의 생활 맥락을 결합한 대표적 사례다.

또한 웹사이트의 퍼스널라이징도 활성화된다. 고객이 접속할 때마다 추천 상품, 인기 콘텐츠, 할인 배너 등이 맞춤형으로 구성되며, 이를 통해 체류 시간과 전환율이 함께 증가한다. 마이페이지, 최근 본 상품, 선호 브랜드 랭킹 등의 개인화 콘텐츠는 사용자에게 플랫폼 친밀감을 제공한다.

개인화 마케팅은 고객과의 정서적 연결을 강화하는 데도 효과적이다. 고객은 자신이 이해받고 있다는 인상을 받으며 브랜드에 대한 신뢰를 쌓는다. 이는 팬덤 형성으로 이어지고, 장기적인 브랜드 충성도를 확보하는 핵심 요소가 된다. 브랜드 입장에서는 단순 매출 증가를 넘어서 고객 생애가치(LTV)를 극대화하는 전략으로 개인화 마케팅을 활용할 수 있다.

한편, 개인화 마케팅의 윤리적 고려도 함께 요구된다. 추천 알고리즘이 고객 데이터를 과도하게 수집하거나, 특정 상품을 과도하게 노출할 경우 피로감을 유발할 수 있으며, 소비자의 프라이버시 침해 논란도 발생할 수 있다. 따라서 실무자는 투명한 데이터 활용 원칙과 고객 선택권 보장을 콘텐츠 설계에 반영해야 한다.

  추천 알고리즘과 개인화 마케팅은 콘텐츠커머스의 몰입도와 전환율을 동시에 높이는 핵심 전략이다. 실무자는 AI 기술을 통해 고객의 세부 행동을 읽고, 이를 콘텐츠 전략에 반영함으로써 고객 경험의 정밀도를 강화해야 한다. 맞춤형 콘텐츠는 이제 선택이 아니라 필수이며, 콘텐츠커머스는 데이터 기반 정서적 설득의 시대에 진입하였다.

고객 여정 분석과 행동 예측

　AI 기술은 콘텐츠커머스에서 고객의 '지금'뿐만 아니라 '다음 행동'을 예측함으로써 더욱 정밀한 마케팅과 맞춤형 콘텐츠 설계를 가능하게 한다. 고객 여정 분석과 행동 예측은 고객이 브랜드와 처음 접촉하는 순간부터 구매 이후의 재방문, 이탈까지 전 과정을 분석하고 이해하려는 노력에서 출발하며, AI는 이 복잡한 흐름 속에서 패턴을 찾아내고 예측모델을 수립하는 역할을 한다.

　먼저, 고객 여정(customer journey)은 단순한 구매 프로세스가 아니라 콘텐츠 노출, 반응, 비교, 전환, 충성도 형성까지 포괄하는 종합적인 경험 흐름이다. 콘텐츠커머스에서는 이 여정이 플랫폼 안에서 다층적으로 전개되며, 고객은 다양한 콘텐츠를 소비하면서 점진적으로 구매를 고려하고 최종 행동으로 이어진다. AI는 이 흐름을 '이탈 지점'과 '전환 지점' 중심으로 구조화하며, 특정 행동이 발생하는 조건을 찾아낸다.

예를 들어, 한 사용자가 제품 리뷰 콘텐츠를 클릭한 후 가격 비교 콘텐츠로 이동하고, 이후 장바구니에 담은 상태에서 24시간 이내에 구매하지 않는다면, 이는 '구매 망설임 단계'에 진입한 것으로 판단할 수 있다. AI는 이와 같은 경로를 분석해 해당 사용자에게 할인 쿠폰 콘텐츠나 후기 중심 콘텐츠를 자동 노출하는 전략을 추천한다. 이는 단순한 맞춤형 콘텐츠 추천을 넘어, 심리적 주저와 감정 흐름까지 읽는 전략적 예측이다.

AI는 고객 여정을 정량적 지표로 수치화하고 분석한다. 대표적인 지표로는 클릭 경로, 체류 시간, 영상 시청 완주율, 장바구니 체류 기간, 반응 속도 등이 있으며, 이러한 데이터는 고객의 인지→관심→고려→전환→충성도로 이어지는 전환 퍼널의 위치를 파악하는 데 활용된다. 이때 AI는 각 사용자별 여정을 벡터화하고 군집화(clustering)하여 유사 행동 패턴을 가진 고객군을 도출한다.

또한, AI는 고객 이탈 가능성 예측에서도 매우 강력한 분석 도구로 작동한다. AI는 이 고객이 곧 이탈할 확률이 높다고 판단하면 사전 대응 콘텐츠, 예컨대 "고객님을 위한 마지막 할인 혜택" 같은 문구가 담긴 푸시 알림이나, 장바구니 제품에 대한 실시간 재입고 알림 영상이 자동 노출되어 이탈 가능성을 낮춘다.

AI의 행동 예측은 단순히 마케팅 차원을 넘어서 콘텐츠 기획 단계에서도 활용된다. AI는 특정 고객군이 앞으로 어떤 콘텐츠에 반응할지를 예측하고, 기획자에게 그에 맞는 콘텐츠 주제, 포맷, 타이밍을 제안한다. 예컨대, 2030 여성 소비자가 평일 오후 6시에 가장 활발한 반응을 보인다는 데이터가 확보되면, AI는 해당 타깃을 위한 쇼츠 영상 콘텐츠를 자동 큐레이션하고, 제작자에게 전달한다.

더 나아가 AI는 미래 예측형 콘텐츠 퍼널[07] 설계도 가능하게 한다. 고객이 첫 클릭을 한 순간부터 최종 전환까지 어떤 경로를 가장 많이 거치는지, 어떤 콘텐츠가 반복 소비되는지를 분석하고, 이를 바탕으로 콘텐츠의 배치 순서나 노출 강도를 자동 조정한다. 이는 뉴스레터, 앱 메인 화면, 유튜브 채널 콘텐츠 배열 등에서 특히 효과적이다.

또한 행동 예측 모델은 시즌성 콘텐츠나 캠페인 운영 전략에도 적용된다. 특정 계절, 시간대, 이슈 발생 시점에 따라 고객의 행동 패턴이 어떻게 바뀌는지를 AI가 분석하고, 이에 따라 콘텐츠의 주제와 전개 방식을 선제적으로 수정할 수 있다. 예컨대, 장마철에는 실내용 운동 콘텐츠의 소비가 늘어나고, 연말에는 선물 관련 콘텐츠의 클릭률이 높아지는 현상을 자동 감지하고 대응하는 방식이다.

고객 여정 분석과 행동 예측의 정교화는 콘텐츠커머스를 정적인 플랫폼이 아닌 동적 상호작용 시스템으로 전환시키는 데 기여한다. 고객이 콘텐츠에 반응하면 플랫폼은 그에 즉각 반응하고, 콘텐츠는 실시간으로 바뀌며, 커머스는 그 순간에 맞는 최적의 제안을 실행하는 유기적 구조로 진화하게 된다.

---

07) 콘텐츠 퍼널: 고객의 구매 여정 단계(인지 → 관심 → 고려 → 구매)에 맞춰 콘텐츠를 전략적으로 배치하는 구조

고객 여정 분석과 행동 예측은 콘텐츠커머스를 단순 콘텐츠 제공 시스템이 아닌 인지-반응-예측-개입의 순환 시스템으로 진화시키는 핵심 기술이다. 실무자는 AI의 예측 데이터를 수동적 보고서가 아니라, 실시간 전략 도구로 활용해야 하며, 콘텐츠 설계와 배포, 고객 커뮤니케이션의 전 과정에 걸쳐 데이터를 중심으로 사고해야 한다. AI는 이제 콘텐츠커머스에서 고객의 마음을 먼저 읽고 움직이는, 브랜드의 두 번째 두뇌가 되고 있다.

챗봇과 AI 커머스 어시스턴트

　콘텐츠커머스의 확장과 진화는 고객과의 실시간 커뮤니케이션 방식 또한 근본적으로 변화시키고 있다. 특히 AI 챗봇[08]과 커머스 어시스턴트의 등장과 발전은 소비자 응대, 제품 추천, 주문 처리, 고객 서비스 등 다양한 접점에서 고객 경험을 자동화하면서 동시에 고도화하는 역할을 한다.

　AI 챗봇은 단순한 FAQ(Frequently Asked Questions) 자동응답 시스템을 넘어서, 대화형 인공지능 기반의 실시간 상담 도우미로 진화하고 있다. 초기 챗봇은 사전에 등록된 질문과 답변을 기계적으로 연결하는 수준이었지만, 최근에는 자연어처리(NLP, Natural Language Processing) 기술과 머신러닝 알고리즘의 결합을 통해, 사용자 질문의

---

08) AI 챗봇: 인공지능을 이용해 실시간 상담, 추천, 구매 유도를 수행하는 자동 대화 시스템

의도를 파악하고 맥락에 맞는 답변을 생성할 수 있다. 이로써 챗봇은 단순한 문의 대응을 넘어, 실제 고객 응대 인력의 기능을 보완하거나 대체할 수 있는 수준으로 올라서고 있다.

콘텐츠커머스에 특화된 AI 챗봇은 제품 추천 및 구매를 유도한다. 고객이 "여름에 입기 좋은 원피스 추천해줘"라고 입력하면, 챗봇은 브랜드 상품 중 관련 키워드와 반응률이 높은 상품을 필터링해 이미지, 가격, 후기와 함께 제안할 수 있다. 또한 실시간 재고, 할인 정보까지 연결하여 구매 전환까지 유도한다.

콘텐츠 연동형 챗봇은 고객이 SNS나 커머스 앱에서 쇼츠 영상 또는 리뷰 콘텐츠를 보고 있는 도중 "이 제품 사이즈 정보 알려줘"라고 입력하면, 해당 콘텐츠와 연결된 챗봇이 즉시 응답하고, 영상에 등장한 제품 정보와 연결된 상세 페이지를 제공한다. 이는 콘텐츠와 커머스를 끊김 없이 연결하는 대표적인 사례다.

또한 챗봇은 고객의 과거 구매 이력, 관심 카테고리, 반응 콘텐츠 등을 분석해 그에 최적화된 상담을 제공한다. 예컨대, 최근 홈트레이닝 콘텐츠를 자주 소비한 고객에게는 요가매트나 홈트 기구 추천을 우선적으로 제공하고, 반응률이 높은 제품군 중심으로 대화를 유도함으로써 구매 가능성을 높인다.

AI 챗봇은 또한 고객 이탈 방지 기능도 수행한다. 장바구니에 상품을 담고 이탈하려는 사용자에게 챗봇이 즉각 등장해 "결제를 도와드릴까요?", "이 상품은 오늘까지만 할인 중입니다"와 같은 문구로 관심을 환기시킨다. 고객이 다시 이탈하지 않고 구매로 전환되도록 대화를 유도하는 '회복형 챗봇 전략'은 전환율을 높이는 데 매우 효과적이다.

이외에도 주문 처리, 배송 문의, 반품 교환 절차 안내 등의 사후관리도 AI 챗봇이 담당한다. 고객은 굳이 고객센터로 전화하지 않고도 챗봇을 통해 실시간으로 문제를 해결할 수 있으며, 이는 고객 경험의 편의성과 만족도를 크게 향상시킨다. 특히 채팅 응답 시간이 빨라지고, 응답 정확도가 높아질수록 고객의 반복 방문률은 증가하게 된다.

AI 챗봇과 함께 주목받는 기술은 AI 커머스 어시스턴트이다. 이는 단순 대화형 기능을 넘어, 고객의 커머스 여정을 예측하고 선제적으로 콘텐츠나 제품을 제안하는 인공지능 도우미로 발전하고 있다. 예컨대, "지난주에 본 청바지 가격이 떨어졌어요", "여름 휴가를 위한 수영복 신상품이 나왔습니다"와 같은 메시지를 선제적으로 전달하면서 고객의 구매 타이밍을 맞춘다.

AI 어시스턴트는 고객의 캘린더, 위치정보, 날씨, SNS 활동, 과거 검색 이력 등을 종합적으로 분석해, 고객이 관심 가질 콘텐츠를 먼저 제안한다. 이러한 기술은 앱 내부뿐 아니라 메신저, 이메일, 푸시 알림 등 다양한 채널과 연동되며, 콘텐츠커머스 전략의 옴니채널 확장성을 가능하게 한다.

이러한 챗봇과 어시스턴트의 자동화 기술은 단순 반복 응대를 줄일 뿐 아니라, 실시간 맞춤형 콘텐츠 제공을 통해 고객 만족도를 극대화한다. 실무자는 이 기술을 단순히 고객센터의 비용 절감 수단으로 보는 것이 아니라, 고객과의 감정적 연결을 설계하는 커뮤니케이션 파트너로 바라보아야 한다.

AI 챗봇과 커머스 어시스턴트는 콘텐츠커머스의 고객 접점에서 '24시간 실시간 응대'와 '개인화된 대화'를 동시에 구현하는 핵심 수단이다. 실무자는 이 기술을 통해 고객의 질문에 빠르게 응답하고, 적시에 콘텐츠를 제안하며, 구매를 유도하고, 이탈을 막는 전방위 전략을 설계할 수 있어야 한다. 챗봇은 이제 단순한 응답기가 아니라, 브랜드의 인격과 전략을 담아내는 대화형 콘텐츠 자체로 진화하고 있다.

상담 자동화와 구매 전환율 향상 전략

AI 기술의 도입은 콘텐츠커머스에서 상담 서비스의 본질을 바꾸고 있으며, 이는 단순한 응대 효율화를 넘어 구매 전환율을 실질적으로 향상시키는 전략적 수단으로 기능하고 있다. 고객은 더 이상 정해진 시간에만 상담을 받을 필요가 없으며, 브랜드는 AI 기술을 통해 고객 행동 흐름에 맞춘 실시간 개입과 설득을 실행할 수 있게 되었다.

상담 자동화의 핵심은 실시간성과 개인화된 대응이다. 전통적인 고객 서비스는 대기 시간이 길고, 비효율적인 정보 전달로 인해 구매 의사 결정 단계에서 이탈을 유발하는 경우가 많았다. 그러나 AI 챗봇과 상담 자동화 시스템은 고객이 콘텐츠를 소비하는 순간부터 자연스럽게 대화를 시작하고, 즉각적으로 필요한 정보를 제공함으로써 이탈률을 낮춘다.

예를 들어, 고객이 특정 제품 상세페이지에서 30초 이상 머무를 경우, AI 상담봇은 "이 제품의 사용자 후기 보실래요?" 혹은 "사이즈나 색상 선택에 도움이 필요하신가요?"와 같은 개입형 메시지를 띄운다. 이때 고객의 반응을 분석해 상담의 강도를 조절하거나, 구체적인 질문을 유도하면서 구매 확률을 높인다. 이는 사용자의 '지금 이 순간의 망설임'을 정확히 포착하고 해소하는 전략이다.

상담 자동화는 고객 여정 전체에 맞춘 다단계 대응 시나리오를 설계할 수 있게 한다. 예를 들어, 신규 방문자에게는 '브랜드 소개'나 '제품 추천 가이드'를 제공하고, 반복 방문자에게는 '재입고 알림'이나 '재구매 혜택' 콘텐츠를 중심으로 접근한다. 장바구니 방치 고객에게는 "곧 품절 예정입니다."라는 경고성 메시지와 함께 빠른 결제를 유도하는 상담 흐름을 제공한다.

또한 상담 자동화는 심리적 설득 전략과 결합해 전환율을 높이는 데 효과적이다. 시간 제한 할인, 구매 수량 표시, 다른 사용자의 실시간 리뷰 노출 등 사회적 증거(social proof)와 희소성(scarcity)을 챗봇 대화 흐름에 포함시킴으로써, 소비자의 구매 결정을 빠르게 이끌어낸다. 특히 실시간 채팅창에 "이 상품은 지금 17명이 함께 보고 있습니다." 같은 문구가 자동 노출되면, 사용자에게 즉시성과 행동 유인을 제공한다.

더불어, AI는 고객의 반응 데이터를 기반으로 상담 흐름을 지속적으로 최적화한다. 고객이 어떤 문장에 반응했는지, 어떤 질문 이후 이탈했는지, 어떤 응답을 받았을 때 구매로 이어졌는지를 분석하여,

상담봇의 응대 스크립트를 자동으로 개선하는 구조다. 이는 반복적인 A/B 테스트[09] 없이도 실시간 학습을 통해 효율성을 높일 수 있음을 의미한다.

상담 자동화는 실제 판매 인력과의 협업 방식에서도 혁신을 가져온다. 예컨대, AI 챗봇이 1차 상담을 진행하다가 고급 제품이나 민감한 문의가 접수되면, 자동으로 실제 상담원에게 전환된다. 이때 이전 대화 이력, 고객 행동 로그, 추천된 상품 목록이 상담원에게 실시간 제공되어, 맥락 있는 대화가 즉시 가능해진다. 이는 상담 속도와 품질을 동시에 확보하는 하이브리드 모델로 각광받고 있다.

이러한 자동화 시스템은 단순한 운영 효율화를 넘어 브랜디드 경험 설계에도 활용된다. 예를 들어, 특정 브랜드의 톤앤매너를 반영한 상담 대화 시나리오, 즉 '유쾌하고 위트 있는 말투, 고급스럽고 정중한 어조 등'을 설정할 수 있고, 이는 브랜드 이미지 일관성과 고객의 감정적 몰입도를 높이는 데 기여한다. 챗봇의 말투 하나까지도 고객 경험 디자인의 일부로 간주되는 시대다.

또한, 상담 자동화는 다채널 연계 운영을 가능하게 한다. 웹사이트, 모바일 앱, SNS 메시지, 카카오톡 채널, 이메일 등 다양한 접점에서 동일한 상담 흐름과 데이터를 공유함으로써, 채널 간의 경험 단절을 최소화하고 일관된 대응을 제공한다. 이는 콘텐츠커머스를

---

09) A/B 테스트: 두 가지 콘텐츠 버전을 동시에 실험하여 어느 쪽이 더 효과적인지 비교하는 마케팅 기법

'플랫폼'이 아닌 '경험의 연속성' 관점에서 설계할 수 있도록 한다.

상담 자동화는 콘텐츠커머스 환경에서 고객과의 모든 접점을 설계 가능한 대화 흐름으로 재구성하며, 이는 단순 문의 응대를 넘어 고객의 구매 행동을 유도하고 감정적 만족을 극대화하는 전략적 장치로 작동한다. 실무자는 챗봇을 고객 서비스 도구가 아니라, 브랜드의 '디지털 영업사원'으로 간주하고, 전환 중심의 대화 설계를 통해 상담 자동화의 효과를 극대화해야 한다. AI 상담 기술은 이제 선택이 아닌, 전환율을 높이기 위한 필수 전략으로 자리매김하고 있다.

음성 인터페이스와 AI 기반 검색

콘텐츠커머스 환경에서 사용자의 행동 방식은 계속해서 간편하고 직관적인 방향으로 진화하고 있으며, 그 중심에는 음성 인터페이스와 AI 기반 검색 기술이 있다. 고객은 더 이상 텍스트를 일일이 입력하지 않고, 말 한마디로 원하는 콘텐츠를 탐색하고 제품을 찾는 시대에 접어들고 있으며, AI는 이를 실시간으로 처리하고 분석해 구매 전환을 유도하는 핵심 역할을 수행한다.

음성 인터페이스는 사용자의 자연어 발화를 인식하여 명령을 수행하는 기술로, 특히 모바일 환경에서 그 활용도가 높아지고 있다. 애플의 시리(Siri), 구글 어시스턴트, 아마존 알렉사 등은 이미 대중화된 음성 비서 서비스이며, 최근에는 이 기능이 콘텐츠커머스 플랫폼 내부로도 빠르게 확장되고 있다. 예를 들어, 사용자가 "겨울용 기모 후드티 추천해줘"라고 말하면, 음성 인터페이스는 해당 조건에 부합하는 콘텐츠와 상품을 바로 검색해 화면에 출력하고, 추가적인 대화를 통해 사이즈나 색상, 가격대까지 사용자가 원하는 상품으로 좁혀나 갈 수 있다.

음성 인터페이스는 특히 손이 자유롭지 않은 상황에서의 쇼핑 또는 운전, 요리, 이동 중 쇼핑과 같이 모바일 환경에서 강력한 편의성을 제공한다. 이는 검색의 진입 장벽을 낮추며, 텍스트 입력에 익숙하지 않은 세대에게도 콘텐츠커머스를 자연스럽게 경험하게 한다. 특히 고령층이나 어린이 타깃 콘텐츠커머스에서 유용성이 크다.

AI 기반 검색 기술은 단순 키워드 매칭이 아닌, 의도 기반 검색(intent-based search)으로 진화하고 있다. 사용자가 "가격은 저렴하지만 품질 좋은 데일리 가방"이라고 말하거나 입력하면, AI는 이 문장의 핵심 요소인 가격 조건, 품질 조건, 사용 목적을 추출하여 콘텐츠와 제품을 큐레이션한다. 이를 가능하게 하는 것이 바로 자연어 처리(NLP) 기술과 머신러닝 기반 연관성 분석이다.

또한, AI 검색은 비정형 데이터를 처리하는 데에도 능숙하다. 예를 들어, 사용자가 본 영상 콘텐츠에서 특정 장면을 캡처하거나, 제품 사진을 업로드하면 AI는 해당 이미지와 유사한 상품을 자동으로 검색해 제공한다. 이는 이미지 기반 검색과 연계되어, '보고, 말하고, 바로 사는' 비주얼 중심 콘텐츠커머스를 가능하게 만든다.

음성 인터페이스와 AI 검색은 함께 작동하며 회화형 커머스 환경(conversational commerce)을 만들어낸다. 예컨대, "지난주에 봤던 그 청바지 아직 할인하나요?"라는 문장을 AI가 이해하려면, 시간 개념,

과거 행동 기록, 제품 카테고리, 할인 여부 등을 통합적으로 인식해야 하며, 이 기능은 이미 일부 커머스 플랫폼에서 구현되고 있다.

이러한 시스템은 고객의 '탐색-비교-구매' 과정을 줄이고, 콘텐츠 소비와 구매 결정 간 간극을 최소화한다. 특히, 음성으로 제품을 탐색하고, AI가 추천 제품을 나열하며, 사용자 음성으로 "첫 번째 거 결제해줘"라고 응답하면 구매까지 완료되는 구조는 커머스의 궁극적 간소화라 할 수 있다.

실무자는 이 기술을 단순히 사용자 편의를 위한 부가 기능으로 인식하기보다는, 콘텐츠 탐색의 진입점을 혁신하는 핵심 도구로 활용해야 한다. 특히 브랜드 웹사이트, 앱, 쇼핑몰 검색창 등에 음성 인식 기능을 통합하고, 검색 결과가 단순한 상품 나열이 아닌 스토리텔링 기반 콘텐츠는 사용자 리뷰 영상, 언박싱 숏폼, 사용법 가이드 등으로 연계되도록 설계할 필요가 있다.

한편, AI 검색의 정확도와 신뢰도를 높이기 위해서는 검색 결과의 품질 관리가 필수적이다. 사용자가 말한 조건과 전혀 관련 없는 콘텐츠가 노출된다면, 전환율은 물론 브랜드 신뢰도에도 악영향을 준다. 따라서 실무자는 AI 검색 알고리즘의 로직을 주기적으로 점검하고, 유사 키워드 분류, 콘텐츠 메타데이터 최적화, 음성 발화 데이터 학습 등을 통해 시스템을 지속적으로 개선해야 한다.

음성 인터페이스와 AI 기반 검색은 콘텐츠커머스에서 '말하는 탐색, 응답하는 콘텐츠, 즉시 연결되는 커머스'를 실현하는 기술로 자리매김하고 있다. 실무자는 이 기술을 통해 고객의 탐색 경험을 한

층 더 직관적이고 몰입감 있게 구성하고, 콘텐츠와 커머스를 유기적으로 연결해 전환율을 극대화하는 전략을 수립해야 한다. 결국, 가장 빠르고 정확하게 소비자의 말을 이해하고 반응하는 시스템이 콘텐츠커머스의 주도권을 쥐게 된다.

핵심 콕콕

구분	핵심 기술	내용
콘텐츠 기획과 제작의 자동화	• 콘텐츠 아이디어 생성 • 자동 편집 및 배포	– AI가 데이터 분석을 통해 콘텐츠 주제, 제목, 해시태그, 형식까지 자동 제안 – 영상 편집, 이미지 보정, 자막, 더빙 등 제작 공정 자동화 – 디지털 휴먼 · AI 쇼호스트 도입으로 24시간 콘텐츠 운영 가능 – 개인화 콘텐츠 자동 제작(예 맞춤형 제품 리뷰, 이메일 콘텐츠 등) **시간 · 비용 절감, 반복 실험의 용이성, 브랜드 진입장벽 감소**
생성형 AI의 이미지, 영상, 텍스트 활용	• Midjourney, DALL · E, GPT 등 도구 활용	– 텍스트 프롬프트로 제품 이미지, 배경, 라이프스타일 연출 이미지 생성 – AI 영상 툴로 가상 쇼호스트, 제품 데모 영상 자동 제작 – GPT 기반 언어 모델로 상품 설명, 리뷰, 마케팅 문구 자동 생성 – 다국어 번역 · 로컬라이징 기능으로 글로벌 콘텐츠 확장 **창의성과 속도 동시 확보, 시각 · 언어 콘텐츠 모두 전략화**
추천 알고리즘과 개인화 마케팅	• 콘텐츠 기반 + 협업 필터링 + 하이브리드 방식	– 사용자의 시청 · 클릭 · 구매 이력을 기반으로 맞춤형 콘텐츠/상품 추천 – 이메일, 앱 푸시, 마이페이지 등에서 개인화된 메시지 자동 생성 – 고객 행동에 따른 실시간 상품 제안 (예 날씨 · 시간대 · 관심사 기반) – 감성적 연결 → 팬덤화 → 장기적 고객 충성도 확보 **전환율 증가, 고객별 경험 최적화, LTV 향상 전략 구현**

PART 3

플랫폼과 마켓의 진화

주요 플랫폼별 콘텐츠커머스 비교

콘텐츠커머스 전략을 수립할 때 가장 중요하게 고려할 요소 중 하나는 각 플랫폼의 특징과 장단점을 명확히 비교·분석하는 것이다. 콘텐츠커머스는 단순한 판매 중심 채널을 넘어서, 브랜드 인지도 제고, 고객 참여, 전환율 증대까지 다양한 목표를 달성해야 하기 때문에, 플랫폼별 차이를 이해하고 이에 따른 맞춤형 전략을 수립하는 것이 필수적이다. 실무자는 플랫폼의 알고리즘 구조, 유저 특성, 콘텐츠 포맷, 구매 전환 메커니즘 등을 중심으로 분석하고 선택해야 한다.

먼저 유튜브는 콘텐츠 소비 시간이 길고 검색 기반 접근성이 높은 플랫폼으로, 제품 리뷰, 언박싱, 비교 분석 등 신뢰 기반 콘텐츠에 적합하다. 특히 SEO 최적화, 썸네일, 키워드 설정 등 기술적 콘텐츠 기획 역량이 중요하며, 유튜브 쇼츠 기능을 활용한 숏폼 콘텐츠 연계도 가능하다. 유튜브는 전환보다는 브랜딩과 신뢰 확보에 강점을 가진다.

반면 틱톡은 바이럴 중심의 고속 콘텐츠 소비 플랫폼이다. 영상의 길이가 짧고, 시청자의 반응은 빠르며, 감성·유머·음악 요소가 결합된 콘텐츠가 강한 반응을 유도한다. 실시간 피드백과 알고리즘 추천의 속도가 빠르기 때문에, 실무자는 캠페인 초기 단계에서 빠르게 A/B 테스트를 실행하고 반응이 좋은 포맷을 반복 확산하는 전략에 효과적으로 사용할 수 있다. 전환율 측정은 다소 복잡하지만, 브랜드 노출 확대에는 압도적인 효과를 보인다.

인스타그램은 이미지 중심 플랫폼에서 점차 릴스(Reels) 등 숏폼 중심 영상 플랫폼으로 진화하고 있으며, 감각적인 브랜드 이미지 전달과 UGC 기반 신뢰 형성에 강점을 갖는다. 특히 피드, 스토리, 릴스 간 연계 콘텐츠 운영이 필요하며, 브랜드 톤앤매너의 일관성이 유지될 때 효과가 극대화된다. 인스타그램은 미적 연출이 강조되는 패션, 뷰티, 라이프스타일 브랜드에 특히 적합하다.

네이버 쇼핑라이브와 쿠팡 라이브는 라이브커머스 중심 플랫폼으로 실시간 판매 유도에 특화되어 있다. 호스트의 실시간 설명, 소비자와의 채팅, 타임딜 등 즉시성 기반 전략이 강점이며, 특히 네이버는 검색 기반 노출과 결합된 콘텐츠 유입 경로가 다양하다. 실무자는 사전 홍보, 시청자 참여 이벤트, 방송 이후의 리마케팅 콘텐츠까지 전체 퍼널을 고려한 콘텐츠 설계가 요구된다.

브랜드 자사몰은 타 플랫폼 대비 자유도가 높고, 충성 고객 확보와 반복 구매를 유도하기 위한 장기 콘텐츠 운영이 가능하다. 브랜드 철학, 창립자 스토리, 제품 개발 과정 등 스토리텔링 콘텐츠를 운영하거나, 회원 전용 콘텐츠, 리워드형 콘텐츠 등을 활용해 브랜드 팬덤을 강화할 수 있다. 다만 초기 유입 확보와 광고 운영 전략의 병행이 요구된다.

카카오톡 채널은 타 플랫폼 대비 메시지 기반 1:1 맞춤 커뮤니케이션에 강점을 가지며, 충성 고객에게 제품 출시, 이벤트 정보, 할인 쿠폰 등을 제공해 전환율을 극대화할 수 있다. 실무자는 푸시 메시지 설계, 챗봇 연동, 채널 친구 수 확보 전략 등을 통해 플랫폼의 효과를 극대화해야 한다.

각 플랫폼별 전략 포인트를 비교하면 〈표1〉과 같다.

〈표1〉 플랫폼 전략 포인트

플랫폼	주요 특징	콘텐츠 전략 키워드	마케팅 목적
유튜브	신뢰 중심 롱폼 콘텐츠[01]	SEO 연계, 전문성, 스토리텔링	브랜드 신뢰 구축, 지속적 구독 유도
틱톡	감성 기반 숏폼, 바이럴 확산 용이	짧고 강렬한 메시지, 해시태그 챌린지	빠른 확산, 초기 인지도 확보
인스타그램	미적 연출 중심, 감성 브랜딩 적합	이미지/릴스, UGC, 해시태그 활용	브랜드 감성 강화, 팬덤 유도
라이브커머스	실시간 소통 기반 판매 유도	한정 특가, 실시간 채팅, 구매 전환 유도	구매 유도, 긴박감 조성
자사몰	자유도 높은 콘텐츠 설계 가능	브랜드 스토리, 제품 정보 집중 콘텐츠	충성 고객 유치, 반복 구매 유도
카카오톡	개인화된 푸시형 커머스	1:1 메시지, 이벤트 알림, 타깃팅 쿠폰	고정 고객 마케팅, 재방문 유도

---

01) 롱폼 콘텐츠: 길이가 긴 콘텐츠로, 유튜브의 리뷰·강의·브이로그 영상처럼 5분 이상인 콘텐츠

실무자는 자사 브랜드의 목표와 콘텐츠 성격에 맞추어 플랫폼을 선정하고, 플랫폼별로 차별화된 콘텐츠커머스 전략을 구사해야 한다. 단일 플랫폼 집중 전략보다, 역할 분담이 명확한 멀티 플랫폼 통합 전략이 효과적이며, 이때 각 플랫폼의 알고리즘과 사용자 행동 데이터를 기반으로 콘텐츠를 지속적으로 최적화하는 것이 성공의 핵심이다.

각 플랫폼 알고리즘과 전략적 활용

콘텐츠커머스를 성공적으로 운영하기 위해서는 단순히 콘텐츠를 생산하고 업로드하는 수준을 넘어, 각 플랫폼의 알고리즘 구조를 이해하고 이를 전략적으로 활용하는 능력이 필수적이다. 알고리즘은 콘텐츠 노출, 확산, 추천에 영향을 주는 핵심 메커니즘이며, 실무자는 알고리즘의 작동 원리를 기반으로 콘텐츠를 기획, 구성, 배포하여 도달률과 전환율을 극대화할 수 있다.

유튜브 알고리즘은 시청 시간, 클릭률, 사용자 반응(좋아요, 댓글, 공유 등), 시청 지속률 등을 기반으로 콘텐츠를 추천한다. 특히 '시청 지속 시간'은 핵심 요소로, 영상이 얼마나 오랫동안 시청자의 주목을 끄는지에 따라 추천 빈도가 결정된다. 따라서 콘텐츠의 도입부 10초 안에 명확한 메시지와 몰입 요소를 제시하는 것이 중요하다. 실무자는 콘텐츠 주제와 관련된 키워드, 설명문, 태그, 썸네일 등을 통해 검색 기반 유입도 병행해야 하며, 유튜브 쇼츠를 활용해 메인 콘텐츠로 유도하는 티저 전략도 효과적으로 사용할 수 있다.

인스타그램 알고리즘은 사용자의 상호작용 빈도, 콘텐츠 유형 선호도, 피드 체류 시간, 저장 및 공유 수 등을 고려해 피드와 릴스 콘텐츠를 추천한다. 특히 릴스의 경우 틱톡과 유사하게 '완시율(완전 시청률)'과 '리와치(재시청) 횟수[02]'가 콘텐츠의 도달력에 큰 영향을 미친다. 실무자는 릴스에서 3초 내 시선을 사로잡는 오프닝을 구성하고, 제품 메시지를 감각적이고 감성적으로 전달해야 한다. 스토리 기능은 잦은 노출과 반응 유도에 효과적이므로 CTA(질문, 투표, 링크 클릭)[03] 중심 콘텐츠로 운영해야 한다.

틱톡 알고리즘은 콘텐츠 중심 추천 구조로, 팔로우 여부보다 콘텐츠의 반응 데이터를 실시간 분석하여 사용자 피드에 노출시킨다. 이 플랫폼은 '첫 3초 반응률'과 '전체 영상 시청률'이 노출 확대의 핵심이며, 사용자 참여(좋아요, 댓글, 공유) 외에도 사운드 트렌드 활용 여부, 자막 구성, 영상 포맷의 신선도 등이 중요하게 작용한다. 실무자는 인기 음원 활용, 바이럴 포인트 삽입, 댓글 유도형 콘텐츠 설계를 통해 알고리즘 적합도를 높여야 하며, 영상 업로드 후 1~2시간 동안의 초기 반응이 향후 도달 범위를 결정하기 때문에 업로드 타이밍 관리도 전략적으로 설계해야 한다.

---

02) 완시율: 영상 콘텐츠가 끝까지 시청되는 비율
   리와치율: 반복 시청률. 알고리즘 추천에 큰 영향
03) CTA(Call To Action): 콘텐츠 안에서 사용자의 행동(구매, 클릭, 응답 등)을 유도하는 문구 또는 버튼

네이버 쇼핑라이브는 검색 기반 추천과 사용자 관심사 연계 추천이 결합된 구조이다. 특히 네이버 내 다른 서비스(블로그, 포스트, 스마트스토어 등)와의 연결성이 강하므로, 키워드 중심 콘텐츠 설계와 검색 최적화가 필수적이다. 방송 제목, 설명문, 썸네일에 핵심 키워드를 삽입하고, 방송 중 실시간 이벤트나 사은품 증정 등의 긴박감을 부여함으로써 참여율과 시청 지속률을 높일 수 있다. 실무자는 사전 알림, 관심 방송 등록, 예약 푸시 알림 등을 통해 시청률 기반 알고리즘 우위를 확보해야 한다.

　　플랫폼별 알고리즘을 비교하면 〈표2〉와 같다.

〈표2〉 플랫폼별 알고리즘 비교

플랫폼	핵심 지표 조합	적합한 콘텐츠 유형	특성 요약
유튜브	시청 지속시간 + 검색 최적화	롱폼 콘텐츠	정보성 · 스토리 중심, SEO 효과 탁월
인스타그램	상호작용 빈도 (좋아요 · 댓글) + 완시율	감각적 숏폼 콘텐츠	감성 중심, 시각미 강화, UGC 활용 적합
틱톡	초기 반응률 + 참여 데이터 (좋아요 · 공유 · 댓글)	바이럴 콘텐츠	짧고 강렬한 메시지, 확산력 강함
네이버 쇼핑 라이브	검색 기반 노출 + 실시간 반응(채팅 · 주문 등)	라이브커머스	실시간 소통, 구매 유도에 최적화

　　실무자는 알고리즘에 단순히 '적응'하는 것을 넘어, 알고리즘과 협력하는 콘텐츠 전략을 수립해야 한다. 예컨대, 유튜브에서는 시청 시간 유지에 유리한 이야기 구조와 챕터 설정을 활용하고, 틱톡에서는 트렌디한 챌린지에 브랜드를 결합한다. 또한, 인스타그램에서는

피드-스토리-릴스 간 콘텐츠를 유기적으로 배치하여 전체 노출 확률을 높인다.

알고리즘은 콘텐츠커머스 전략의 '보이지 않는 편집자' 역할을 한다. 실무자는 이 알고리즘을 이해하고, 콘텐츠의 구조, 형식, 배포 시점, 사용자 반응까지 모든 요소를 설계함으로써 브랜드 콘텐츠의 도달력과 전환력을 극대화할 수 있다. 알고리즘은 단순한 기술이 아니라, 전략의 핵심이다.

브랜드몰, 마켓플레이스, D2C 전략

콘텐츠커머스를 구현하는 방식은 플랫폼에 따라 크게 세 가지로 나뉜다. 브랜드몰 중심 전략, 마켓플레이스 기반 전략, 그리고 D2C 모델이다. 각각의 전략은 콘텐츠 제작과 유통, 구매 전환 방식에 따라 구조적 차이를 보이는데, 실무자는 자사 브랜드의 성격, 운영 자원, 목표 고객에 따라 이 중 최적의 방식을 선택하고 실행 전략을 수립해야 한다.

브랜드몰[04] 전략은 자사 운영 온라인몰을 중심으로 콘텐츠를 기획하고 고객을 유입시키는 방식이다. 브랜드 정체성을 온전히 반영할 수 있다는 점이 가장 큰 강점이다. 브랜드 히스토리, 창립자의 철학,

---

04) 브랜드몰: 브랜드가 직접 운영하는 온라인 쇼핑몰. 자율성과 정체성 강화 가능. 데이터 독점 장점

제품 철학 등 콘텐츠를 일관되게 구성할 수 있으며, 고객 데이터 수집과 분석, CRM 전략을 자율적으로 운영할 수 있다. 실무자는 브랜드몰 내에 블로그, 웹 매거진, 인터뷰, 후기 콘텐츠, 장바구니 추천 콘텐츠 등을 통합 설계하여 '브랜드 경험 중심 콘텐츠커머스'를 실행해야 한다.

또한 브랜드몰은 정기 구독 모델, 회원제 리워드 시스템, 유료 콘텐츠 패키지 운영 등 다양한 고객 접점과 수익 구조를 자체적으로 설계할 수 있다. 다만 단점은 유입률 확보와 마케팅 초기 비용이 크다는 점이며, SEO, 검색광고, SNS 채널 운영 등 유입 채널 다변화가 필요하다.

마켓플레이스[05] 기반 전략은 네이버 스마트스토어, 쿠팡, 11번가, 지그재그, 에이블리 등 대형 쇼핑 플랫폼의 트래픽을 활용한 콘텐츠커머스 방식이다. 실무자는 플랫폼 내 검색 최적화와 콘텐츠 노출 알고리즘에 대응해 상세페이지, 썸네일, 리뷰 콘텐츠, 영상 설명 콘텐츠 등을 전략적으로 배치해야 한다. 이 방식은 초기 유입이 빠르고 고객 신뢰도 확보가 용이하다는 장점이 있으나, 플랫폼 수수료와 가격 경쟁의 압박, 콘텐츠 차별화의 어려움이 존재한다.

마켓플레이스에서는 '스토어 콘텐츠' 운영이 핵심이다. 브랜드 스토어 안에서 브랜디드 콘텐츠 시리즈, 제품 사용기 영상, 라이브커

---

05) 마켓플레이스: 여러 브랜드와 판매자가 입점한 종합 플랫폼(예 쿠팡, 스마트스토어 등). 초기 유입이 빠름

머스 클립 등을 지속적으로 업로드하고, 고객 문의에 신속히 대응하며, 플랫폼이 제공하는 광고 상품(키워드 검색 광고, 리타깃팅 광고[06] 등)을 적극 활용해야 한다.

D2C 전략은 브랜드가 자체 플랫폼을 기반으로 콘텐츠와 커머스를 완전히 통합하여 운영하는 방식이다. 이는 브랜드몰 전략의 확장형이자 콘텐츠 중심 구매 전환 설계가 보다 정교하게 구성된 구조다. 실무자는 콘텐츠를 중심으로 유입→관심→구매→충성→확산에 이르는 퍼널을 직접 설계하고, 각 단계에 적합한 콘텐츠 유형(정보 콘텐츠, 감성 콘텐츠, 비교 콘텐츠, 후기 콘텐츠 등)을 배치해 유기적인 브랜드 경험을 설계해야 한다.

D2C는 특히 팬덤 기반 브랜드, 니치 타깃 브랜드, 프리미엄 브랜드에 적합하며, 고객 생애 가치(LTV)를 극대화하는 장기적 콘텐츠 전략이 핵심이다. 예를 들어, 신규 고객에게는 SNS 콘텐츠 중심의 유입을 유도하고, 기존 고객에게는 이메일 기반 후기 리마케팅, 영상 기반 제품 활용법 콘텐츠를 제공하며, 최상위 충성 고객에게는 커뮤니티 콘텐츠, 팬 전용 콘텐츠를 제공하는 방식이다. 콘텐츠커머스 유형별 특징은 〈표3〉과 같다.

---

06) 리타깃팅 광고: 특정 사이트에 방문한 이력을 바탕으로 다시 광고를 노출시키는 방식

〈표3〉 콘텐츠커머스 유형별 특징

유형	장점	단점	특징 요약
브랜드몰	- 자율성과 브랜드 정체성 강화 - 고객 데이터 독점 가능	- 초기 유입 확보 어려움 - 자체 운영 비용 부담	독립적 운영, 고객 충성도 확보 중심
마켓 플레이스	- 빠른 유입 가능 - 기존 플랫폼의 신뢰도 활용 가능	- 높은 수수료 - 치열한 가격 경쟁	플랫폼 기반, 노출 및 판매 확대에 유리
D2C	- 콘텐츠 중심의 브랜드 경험 설계 용이	- 기획/제작 역량 필요 - 운영 리소스 요구	브랜드 주도, 경험 중심 커머스 전략

실무자는 이 전략들을 상호 보완적으로 운영할 수도 있다. 예컨대 마켓플레이스에서 브랜드 인지도를 확장하면서 브랜드몰로 유도해 장기 충성 고객을 확보하거나, 브랜드몰에서 고객 경험을 쌓은 뒤 D2C 채널에서 라이브커머스나 맞춤 콘텐츠 전략을 펼치는 식이다.

콘텐츠커머스의 핵심은 콘텐츠가 단순히 상품을 설명하는 것을 넘어서 브랜드 경험을 설계하는 도구로 작동하는 데 있다. 실무자는 브랜드몰, 마켓플레이스, D2C 중 자사 브랜드와 고객 특성에 적합한 채널 구조를 선택하고, 이를 기반으로 콘텐츠 전략을 정교하게 구성해야 한다. 플랫폼보다 중요한 것은 콘텐츠고, 콘텐츠보다 중요한 것은 전략이다.

커머스 생태계 안의 콘텐츠 전략

콘텐츠커머스는 단일 채널이 아닌 복합적인 커머스 생태계 안에서 작동한다. 이 생태계는 브랜드, 플랫폼, 크리에이터, 소비자, 기술 서비스 제공자 등이 상호작용하며 콘텐츠를 생성, 유통, 소비, 확산시키는 다층적 구조를 형성하고 있다. 실무자는 이 구조를 이해하고, 커머스 생태계 내 각 주체와의 관계를 콘텐츠 전략 관점에서 정교하게 설계해야 한다.

커머스 생태계에서 콘텐츠는 단순한 마케팅 도구가 아니라 '커뮤니케이션과 거래를 동시에 매개하는 수단'으로 작용한다. 브랜드는 콘텐츠를 통해 제품 정보를 전달하고, 감성적 연결을 만들며, 소비자는 콘텐츠를 통해 구매 결정을 내리고, 자신의 소비 경험을 다시 콘텐츠로 생산한다. 즉, 콘텐츠는 양방향 소통의 연결고리이며, 이 고리의 품질이 커머스 성과를 좌우한다.

콘텐츠 전략 수립 시 고려 요소는 에코시스템 기반 협업 구조이다. 콘텐츠커머스는 더 이상 브랜드 단독 기획이 아닌, 크리에이터와의 콜라보레이션, 유통 플랫폼과의 공동 프로모션, 기술 기업과의 솔루션 연계 등을 통해 콘텐츠의 시너지와 전환 효과를 높인다. 실무자는 콘텐츠 생산 주체와 소비 플랫폼이 일치하지 않는 환경 속에서, 커머스 목적에 맞는 최적의 콘텐츠 파트너십 모델을 구축해야 한다.

그 다음 고려 요소는 채널 간 연결성이다. 소비자는 하나의 채널에서 콘텐츠를 보고, 다른 채널에서 구매하거나, 또 다른 채널에서 후기를 남기는 등 다채널 환경 속에서 비선형적 구매 여정을 경험한다. 따라서 실무자는 콘텐츠가 다양한 접점에서 유기적으로 이어지도록 설계해야 한다. 예컨대 유튜브 영상에서 브랜드몰로 연결되는 **CTA**, 인스타그램 릴스에서 라이브커머스 유입을 유도하는 티저 콘텐츠, 리뷰 콘텐츠에서 제품 상세 페이지로 자연스럽게 연결되는 설계가 그것이다.

소비자 콘텐츠 생산 활성화도 고려해야 한다. 사용자 생성 콘텐츠(UGC)는 커머스 생태계에서 콘텐츠 생산량을 확대할 뿐 아니라, 신뢰와 진정성 기반의 구매 전환을 유도한다. 실무자는 소비자의 후기, 언박싱 영상, Q&A 콘텐츠, 자발적 챌린지를 유도하고, 이를 공식 콘텐츠로 리패키징하여 생태계 내 확산을 촉진할 수 있어야 한다. 이는 팬덤 구축과 고객 충성도 강화의 기반이 되며, 커뮤니티 중심 콘텐츠 전략과 연결된다.

기술 기반 콘텐츠 확장 전략도 구축해야 한다. AI 생성형 콘텐츠 도구, A/B 테스트 자동화 솔루션, 행동 기반 추천 시스템 등을 활용해 콘텐츠 운영의 효율성과 맞춤화 정도를 높일 수 있다. 실무자는 데이터 기반으로 '어떤 콘텐츠가 어떤 고객에게 어떤 채널을 통해 가장 효과적인가'를 실험하고, 그 결과를 콘텐츠 제작과 유통 전략에 반영하는 구조를 갖추어야 한다.

커머스 생태계에서의 콘텐츠 전략은 〈표4〉와 같이 세 가지 범주로 분류된다.

〈표4〉 콘텐츠커머스 분류

콘텐츠 유형	주체	주요 콘텐츠 형식	특징
브랜드 주도 콘텐츠	브랜드(기업)	브랜디드 콘텐츠, 캠페인 영상, 제품 소개 콘텐츠 등	브랜드가 메시지를 직접 통제, 일관된 이미지 전달 가능
플랫폼 참여형 콘텐츠	브랜드 + 플랫폼	라이브커머스, 피드 콘텐츠, 숏폼 등	플랫폼의 알고리즘과 문법에 최적화된 형식, 참여 유도 중심
소비자 주도 콘텐츠	소비자(사용자)	리뷰, 언박싱 영상, 후기 블로그, SNS 게시물 등	소비자의 자발성에 기반, 신뢰성과 바이럴 효과가 큼

위 세 가지를 유기적으로 결합하고 순환시키는 것이 생태계 기반 콘텐츠 전략[07]의 핵심이다. 브랜드가 주도한 콘텐츠가 플랫폼 내 확산을 촉진하고, 소비자의 콘텐츠 생산을 유도하며, 다시 이를 브랜드 콘텐츠에 통합하는 순환 구조를 설계해야 한다.

---

07) 생태계 기반 콘텐츠 전략: 브랜드, 플랫폼, 사용자, 기술업체 등이 상호작용하는 전략

콘텐츠커머스는 더 이상 단일 채널에서의 전략으로는 성과를 낼 수 없다. 실무자는 콘텐츠를 브랜드 외부, 즉 커머스 생태계의 중심 자산으로 인식하고, 이 생태계 안에서 콘텐츠가 이동하고 연결되며 작동하는 방식을 설계해야 한다. 콘텐츠는 결국 사람과 사람, 브랜드와 고객, 채널과 채널을 연결하는 유기적 매개체다. 그리고 이 매개체를 통해 움직이는 생태계 전체가 바로 콘텐츠커머스의 진정한 무대다.

플랫폼 독립을 위한 브랜디드 콘텐츠 구축

콘텐츠커머스의 경쟁이 심화되면서 플랫폼에 의존하지 않고도 브랜드가 자생적으로 고객을 확보하고 전환을 이끌어낼 수 있는 전략이 절실해졌다. 이에 따라 '플랫폼 독립형[08] 브랜디드 콘텐츠 전략'이 새로운 해법으로 부상하고 있다. 실무자는 콘텐츠를 단순히 판매 유도 수단이 아닌, 브랜드 정체성과 철학을 담은 자산으로 구축하고, 이 자산을 바탕으로 플랫폼 외부에서도 견고하게 작동할 수 있는 구조를 설계해야 한다.

브랜디드 콘텐츠는 제품 중심이 아니라 브랜드 세계관을 기반으로 스토리텔링이 설계된 콘텐츠를 의미한다. 예컨대, '이 브랜드는 왜

---

08) 플랫폼 독립형 콘텐츠: 특정 플랫폼에 종속되지 않고 브랜드가 자체 보유 채널에서 운영하는 콘텐츠(예 브랜드 블로그, 자체 유튜브 등)

존재하는가', '이 제품은 어떤 문제를 해결하는가', '이 브랜드와 함께 하면 어떤 가치가 실현되는가'라는 질문에 답하는 서사 구조가 콘텐츠의 중심이 된다. 이를 통해 소비자는 제품을 사는 것이 아니라 브랜드의 가치를 구매하는 감정적 동기를 갖게 된다.

플랫폼 독립을 위한 브랜디드 콘텐츠를 위해서는 자체 콘텐츠 허브[09]를 구축해야 한다. 이는 브랜드몰, 블로그, 유튜브 채널, 이메일 뉴스레터 등 브랜드가 자체적으로 운영하고 통제할 수 있는 콘텐츠 채널을 중심으로 구성된다. 앞에서도 설명했듯이 실무자는 여기에 브랜드 스토리, 제품 철학, 창립자의 인터뷰, 사용 후기 콘텐츠, 비하인드 영상 등을 체계적으로 설계해 '브랜드 콘텐츠 자산'을 쌓아야 한다.

실무자는 브랜디드 콘텐츠를 위해 단발성 캠페인 콘텐츠와 달리, 브랜드의 철학과 정체성을 오랫동안 반복해서 전달하고, 소비자가 브랜드에 익숙해지도록 만드는 구조를 통해 콘텐츠의 지속성과 연속성 확보해야 한다. 예컨대, 브랜드 철학을 주제로 한 연재 콘텐츠, 고객 스토리 중심의 브이로그, 전문가 협업 콘텐츠 등은 브랜드의 신뢰도와 콘텐츠의 지속 가능성을 동시에 높일 수 있다.

팬덤 콘텐츠 구조도 설계해야 한다. 브랜드가 자체 콘텐츠만으로 플랫폼 바깥에서 생존하려면, 브랜드에 감정적으로 연결된 팬층이

---

09) 콘텐츠 허브: 브랜드가 자체적으로 운영하는 콘텐츠 채널(예: 브랜드 블로그, 유튜브, 뉴스레터 등)

존재해야 한다. 이를 위해 실무자는 고객과의 쌍방향 콘텐츠 구조를 설계해야 한다. 사용자 후기, 인터뷰, 콘텐츠 챌린지, 팬 이벤트, 리워드 콘텐츠 등은 단순한 구매 고객을 콘텐츠 참여자이자 확산자로 전환하는 전략이다.

이러한 과정을 위해 콘텐츠-커머스 통합 설계가 필요하다. 플랫폼에서 독립하더라도 콘텐츠가 구매 행동으로 자연스럽게 이어지도록 구조화되어야 한다. 예컨대 브랜드몰 내 브랜디드 다큐 영상 아래 제품 링크를 삽입하거나, 인터뷰 콘텐츠와 관련된 제품을 함께 소개하고, 콘텐츠 소비 후 자동으로 전환 퍼널로 이동되도록 UX를 설계해야 한다. 이는 브랜드 콘텐츠의 감성적 설득력과 커머스의 기능성을 결합하는 전략이다.

검색과 구독 기반 유입 구조 확보도 필요하다. 플랫폼 종속에서 벗어나려면 브랜드 콘텐츠 자체가 검색 노출되고, 구독 기반으로 소비자와 관계를 지속할 수 있어야 한다. 실무자는 콘텐츠 SEO(검색엔진최적화), 키워드 기반 블로그 전략, 유튜브 채널 키워드 최적화, 구독형 뉴스레터 기획 등을 통해 자발적 유입과 장기 관계 구축을 병행해야 한다.

크리에이터와 공동 제작하는 콘텐츠 생태계는 브랜드 독립형 콘텐츠라고 해서 모든 콘텐츠를 브랜드 내부에서만 제작할 필요는 없다. 오히려 브랜드 세계관에 공감하는 크리에이터와의 콜라보레이션은 콘텐츠 다양성과 진정성을 확보하는 핵심 전략이다. 실무자는 크리에이터의 콘텐츠 스타일과 브랜드 메시지를 조율해, 자율성과 전략성이 균형을 이루는 콘텐츠를 기획해야 한다.

플랫폼 독립형 브랜디드 콘텐츠 전략은 '콘텐츠 자산화'의 사고방식 위에서 성립한다. 실무자는 콘텐츠를 매출 유도 도구가 아니라, 브랜드 정체성과 소비자 관계를 유지시키는 핵심 자산으로 인식하고, 이를 장기적으로 운영하고 축적해 나가야 한다. 플랫폼은 유통의 수단일 뿐이며, 콘텐츠가 자생력을 가질 때 비로소 브랜드는 진정한 독립성을 확보할 수 있다.

　콘텐츠커머스의 성공은 단일 플랫폼 의존을 넘어서 브랜드 중심 콘텐츠 전략 + 플랫폼 알고리즘 이해 + 소비자 참여 생태계 구축에 있다. 콘텐츠는 단순한 홍보 수단이 아닌 브랜드 자산이 되어야 한다.

핵심 영역	내용
플랫폼별 콘텐츠커머스 전략	플랫폼마다 콘텐츠 포맷, 소비자 반응, 전환 방식이 달라 맞춤형 전략 필수. 예 유튜브(신뢰 기반 롱폼), 틱톡(감성 숏폼), 인스타그램(미적 감성, 릴스), 네이버·쿠팡(실시간 판매 중심), 브랜드몰(스토리 중심 충성도 강화), 카카오톡(1:1 맞춤형 커머스)
알고리즘 기반 전략 설계	콘텐츠의 도달·확산은 각 플랫폼 알고리즘에 좌우됨. 실무자는 시청 지속률(유튜브), 완시율·참여율(틱톡·인스타), 검색 키워드 활용(네이버) 등 핵심 지표 기반으로 콘텐츠를 기획하고 배포해야 함
커머스 유형별 전략	– **브랜드몰**: 정체성 강화, 자율 운영, 팬덤 중심 전략 가능 – **마켓플레이스**: 빠른 유입, 신뢰 기반 판매 유리 – **D2C**: 콘텐츠 중심 브랜드 경험 설계, 충성도 높은 팬층 육성에 적합
커머스 생태계 콘텐츠 전략	브랜드·플랫폼·소비자 간 협업 구조 강조. 플랫폼 참여형, 소비자 주도형 콘텐츠가 커머스 효과를 극대화하며, 채널 간 연결성·UGC 활성화·기술 활용(AI/추천)도 필수 전략 요소
플랫폼 독립형 브랜디드 콘텐츠 구축	브랜드 정체성과 스토리 중심 콘텐츠로 플랫폼 외부에서도 작동 가능한 구조 설계. 자체 콘텐츠 허브(블로그·유튜브·이메일 등) 운영, 크리에이터 협업, 검색·구독 기반 유입 전략 확보가 중요

플랫폼 전략 포인트

플랫폼	주요 특징	콘텐츠 전략 키워드	마케팅 목적
유튜브	신뢰 중심 롱폼 콘텐츠	SEO 연계, 전문성, 스토리텔링	브랜드 신뢰 구축, 지속적 구독 유도
틱톡	감성 기반 숏폼, 바이럴 확산 용이	짧고 강렬한 메시지, 해시태그 챌린지	빠른 확산, 초기 인지도 확보
인스타그램	미적 연출 중심, 감성 브랜딩 적합	이미지/릴스, UGC, 해시태그 활용	브랜드 감성 강화, 팬덤 유도
라이브 커머스	실시간 소통 기반 판매 유도	한정 특가, 실시간 채팅, 구매 전환 유도	구매 유도, 긴박감 조성
자사몰	자유도 높은 콘텐츠 설계 가능	브랜드 스토리, 제품 정보 집중 콘텐츠	충성 고객 유치, 반복 구매 유도
카카오톡	개인화된 푸시형 커머스	1:1 메시지, 이벤트 알림, 타깃팅 쿠폰	고정 고객 마케팅, 재방문 유도

플랫폼별 알고리즘 비교

플랫폼	핵심 지표 조합	적합한 콘텐츠 유형	특성 요약
유튜브	시청 지속시간 + 검색 최적화	롱폼 콘텐츠	정보성·스토리 중심, SEO 효과 탁월
인스타그램	상호작용 빈도(좋아요·댓글) + 완시율	감각적 숏폼 콘텐츠	감성 중심, 시각미 강화, UGC 활용 적합
틱톡	초기 반응률 + 참여 데이터(좋아요·공유·댓글)	바이럴 콘텐츠	짧고 강렬한 메시지, 확산력 강함
네이버 쇼핑라이브	검색 기반 노출 + 실시간 반응(채팅·주문 등)	라이브커머스	실시간 소통, 구매 유도에 최적화

콘텐츠커머스 분류

콘텐츠 유형	주체	주요 콘텐츠 형식	특징
브랜드 주도 콘텐츠	브랜드(기업)	브랜디드 콘텐츠, 캠페인 영상, 제품 소개 콘텐츠 등	브랜드가 메시지를 직접 통제, 일관된 이미지 전달 가능
플랫폼 참여형 콘텐츠	브랜드 + 플랫폼	라이브커머스, 피드 콘텐츠, 숏폼 등	플랫폼의 알고리즘과 문법에 최적화된 형식, 참여 유도 중심
소비자 주도 콘텐츠	소비자(사용자)	리뷰, 언박싱 영상, 후기 블로그, SNS 게시물 등	소비자의 자발성에 기반, 신뢰성과 바이럴 효과가 큼

PART 4

성공하는 콘텐츠커머스 전략

스토리텔링 기반 브랜드 마케팅

콘텐츠커머스 시대에 브랜드 마케팅은 단순한 제품의 기능이나 가격 경쟁에서 벗어나, 소비자와 감정적 관계를 형성하는 스토리 중심 전략으로 전환되고 있다. 이제 브랜드는 소비자의 삶 속에서 의미 있는 이야기를 제공해야 하며, 이 이야기를 전달하는 핵심 도구가 바로 스토리텔링 콘텐츠다. 실무자는 브랜드가 가진 가치, 철학, 정체성을 효과적으로 전달하기 위해 스토리텔링 기반 마케팅을 전략적으로 설계해야 한다.

스토리텔링은 정보를 '이야기'의 구조로 재구성함으로써 소비자의 감정과 상상력을 자극하는 커뮤니케이션 기법이다. 단순한 제품 설명보다 인간 중심의 서사를 담은 콘텐츠는 소비자의 공감대를 형성하고, 브랜드에 대한 애착과 충성도를 높인다. 예를 들어, 뷰티 브랜드가 신제품을 소개할 때 '개발자의 고민과 실험 이야기'를 콘텐츠에 포함시키면, 그 제품은 단순한 상품이 아닌 '가치 있는 결과물'로 소비자의 인식 속에 자리 잡게 된다.

브랜드 스토리텔링의 핵심은 '진정성'과 '일관성'이다. 소비자는 점점 더 똑똑해지고 있으며, 억지로 만든 감성 콘텐츠나 과장된 서사에 쉽게 피로를 느낀다. 따라서 브랜드는 실존하는 창립자 이야기, 브랜드가 해결하고자 하는 사회적 문제, 제품에 얽힌 고객 경험 등 실제 사례를 바탕으로 이야기를 구성해야 한다. 또한, 유튜브, 인스타그램, 웹사이트, 이메일 등 다양한 채널에서 전달되는 메시지의 톤과 키 메시지는 일관성을 유지해야 브랜드 이미지가 단단히 형성된다.

스토리텔링 콘텐츠는 형식에 따라 다양한 유형으로 확장된다. 대표적으로는 '브랜드 다큐', '고객 인터뷰', '비하인드 씬', '라이프스타일 브이로그', '사회공헌 캠페인 영상' 등이 있으며, 이들은 제품 자체보다 브랜드가 지닌 철학과 감성을 강조하는 데 효과적이다. 특히 숏폼 콘텐츠 시대에는 15~60초 이내의 강렬한 스토리텔링이 소비자에게 강한 인상을 남기며, 이는 브랜드 검색 및 제품 구매로 연결되는 동기를 제공한다.

콘텐츠커머스 환경에서는 스토리텔링이 직접적인 전환 행동으로 이어지도록 유도하는 CTA(Call to Action) 설계가 중요하다. 예를 들어, 감동적인 고객 인터뷰 영상 말미에 "이 이야기에 함께하고 싶다면 지금 참여하세요"라는 문구와 함께 제품 페이지로 연결되는 구조는 콘텐츠와 커머스를 유기적으로 연결한다. 이는 단지 홍보가 아닌

'스토리 기반 커머스 경험'을 제공하는 것이다.

브랜드 스토리텔링의 또 다른 전략은 팬덤 구축과 커뮤니티 중심 콘텐츠 운영이다. 특정 브랜드에 감정적으로 몰입한 소비자들은 그 브랜드를 중심으로 자발적으로 콘텐츠를 생산하거나, 브랜드의 미션에 동참하는 참여형 활동에 적극적이다. 예컨대, 친환경 브랜드가 '플라스틱 없는 하루' 챌린지를 통해 소비자와 함께 메시지를 실천한다면, 이는 단순한 제품 소비를 넘어 브랜드 공동체로의 확장으로 이어진다.

또한 스토리텔링 기반 마케팅은 콘텐츠를 통해 브랜드의 사회적 위치를 재정의할 수 있다. 기업의 ESG 활동, 지역사회 공헌, 다양성 존중 등의 메시지를 콘텐츠에 포함함으로써 브랜드는 단순한 상업적 주체가 아닌, 사회적 책임을 다하는 주체로 소비자에게 인식된다. 이러한 전략은 Z세대, 밀레니얼 세대와 같은 가치 중심 소비자에게 큰 반향을 일으킨다.

실무자는 스토리텔링을 설계할 때, 브랜드의 '기원', '과정', '도전', '변화', '미래'라는 다섯 가지 핵심축을 활용해 이야기를 구성할 수 있다. 예를 들어,

기원: 왜 이 브랜드가 시작되었는가?
과정: 어떤 여정을 거쳐 여기까지 왔는가?
도전: 어떤 문제를 해결하고 있는가?
변화: 고객과 함께 어떻게 성장했는가?
미래: 브랜드는 어디로 나아가고자 하는가?

이러한 구조는 브랜드의 철학을 명확히 하고, 소비자와의 감정적 연결을 단단하게 만든다. 단순히 감동적인 이야기를 만드는 것을 넘어서, 브랜드의 핵심 가치를 콘텐츠 안에 내재화시키는 것이 중요하다.

스토리텔링 기반 브랜드 마케팅은 콘텐츠커머스 시대의 브랜드가 고객과 신뢰를 형성하고, 지속 가능한 관계를 구축하는 데 있어 가장 강력한 전략 중 하나다.

실무자는 데이터를 바탕으로 타깃 고객의 관심사와 감성적 니즈를 분석하고, 이에 부합하는 서사를 설계해야 한다. 결국, 소비자는 '무엇을 사느냐'보다 '어떤 이야기에 참여하느냐'를 기준으로 브랜드를 선택하는 시대에 살고 있으며, 콘텐츠는 그 이야기를 세상에 전하는 가장 강력한 도구가 되고 있다.

감성 콘텐츠의 설계 원칙

콘텐츠커머스 환경에서 감성 콘텐츠는 단순한 정보 전달을 넘어, 소비자의 마음을 움직이고 행동을 유도하는 정서적 접점으로 작용한다. 소비자는 브랜드의 기능적 우위보다 정서적 친밀감에 반응하며, 이 감정이 곧 전환 행동 즉, '구매'로 이어지는 결정적 요인이 된다.

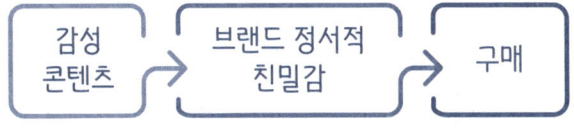

실무자는 콘텐츠를 기획할 때 감성 요소를 정교하게 설계해야 하며, 이는 데이터 기반 전략 못지않게 중요하다.

감성 콘텐츠의 핵심은 '공감'과 '연결'이다. 소비자는 자기 자신과 유사한 감정, 경험, 고민을 콘텐츠에서 발견할 때 가장 강하게 반응

한다. 예를 들어, 직장인의 스트레스, 육아맘의 피로감, 20대의 자존감 고민 등 현실적인 정서를 콘텐츠에 담아낼 때, 소비자는 '이 브랜드는 나를 이해한다'는 인식을 형성하고 정서적 유대를 쌓게 된다.

감성 콘텐츠를 설계할 때는 다음의 세 가지 원칙을 고려해야 한다.

첫째, 감정을 유발하는 '상황'의 구체성이다. '힘들 땐 힘내세요'처럼 추상적인 메시지는 소비자에게 큰 울림을 주지 못한다. 반면 "월요일 출근길 지하철에서, 나만 지친 것 같은 기분이 들 때"처럼 상황을 구체화하면, 소비자는 그 장면을 상상하고 감정을 이입한다. 이는 텍스트 콘텐츠뿐 아니라 숏폼 영상, 이미지 광고, 음성 콘텐츠 등 모든 포맷에 적용되는 원칙이다.

둘째, 시각적·청각적 자극의 통합이다. 감성 콘텐츠는 멀티모달(multi-modal) 방식으로 전달될 때 효과가 배가된다. 밝고 따뜻한 색감, 느린 화면 전환, 감성적인 음악, 잔잔한 내레이션은 소비자의 감정 상태에 깊이 영향을 미친다. 브랜드는 자사 콘텐츠에서 활용되는 시각적 아이덴티티, 사운드 아이덴티티를 통일성 있게 유지해야 하며, 이는 브랜드 감성의 일관성과 신뢰도를 높이는 요소로 작용한다.

셋째, '나도 그랬어'라는 감정의 거울 만들기다. 브랜드가 전하는 감성은 고정된 방향에서 일방적으로 전달되는 것이 아니라, 소비자가 자신의 이야기로 되돌려 공명할 수 있도록 설계되어야 한다. 후기 콘텐츠, 고객 인터뷰, 에피소드 기반 브랜디드 콘텐츠 등은 감성 콘텐츠의 대표적 사례다. 특히 UGC는 진정성과 신뢰도를 강화하는 데 효과적이며, 소비자 스스로가 감정 전달자가 되는 구조를 만든다.

〈감성 콘텐츠 설계 원칙〉

 감성 콘텐츠는 소비자 인식 변화의 선행 조건으로 작용한다. 브랜드에 대한 첫인상이 긍정적으로 형성되면, 이후의 상품 정보, 가격, 이벤트 등 실용적 요소도 더 긍정적으로 평가되는 '정서적 프레임'이 만들어진다. 이는 마치 좋은 인상을 주는 사람이 어떤 말을 해도 설득력이 높아지는 심리 효과와 유사하다. 감성 콘텐츠는 곧 브랜드 이미지와 신뢰도의 정서적 기반이다.

 또한 감성 콘텐츠는 이야기의 미완성 구조를 통해 소비자의 참여를 유도한다. "그날, 그녀는 왜 울었을까?"와 같이 궁금증을 유발하는 도입부는 콘텐츠를 끝까지 시청하거나, 제품 설명을 읽고 싶게 만드는 동기를 제공한다. 이는 콘텐츠커머스에서 구매 전환을 위한 콘텐츠 몰입 전략으로 효과적이다.

 브랜드는 콘텐츠 제작 시 소비자의 감정 곡선을 고려해야 한다. 콘텐츠의 처음, 중간, 끝에서 어떤 감정을 유도할지, 감정의 흐름이 자연스럽게 고조되는지를 사전에 시나리오 구조로 설계해야 한다. 이는 드라마틱한 전환이 필요한 콘텐츠뿐 아니라, 제품 소개나 리뷰 콘텐츠에서도 '감정의 흐름 설계'가 중요하게 작동한다.

감성 콘텐츠는 또한 사회적 감수성과 연결될 때 브랜드의 의미를 확대한다. 다양성, 환경, 여성, 가족, 반려동물, 지역사회 등 사회적으로 공감 가능한 가치와 결합된 감성 콘텐츠는 단순한 제품 소개를 넘어 브랜드의 태도와 방향성을 보여준다. 이는 소비자에게 정체성의 일부로 브랜드를 받아들이게 만드는 중요한 요소가 된다.

제품 중심 커뮤니케이션에서 사람 중심 콘텐츠로의 전환을 이끌어내는 감성 콘텐츠는 실무자는 타깃 고객의 삶, 감정, 관심사를 깊이 이해하고, 이와 연결된 감성 코드를 정교하게 설계해야 한다. 이제 마케팅은 논리가 아니라 '공감'으로 승부하는 시대이며, 감성 콘텐츠는 그 공감의 매개체가 된다.

팬덤을 만드는 브랜드 콘텐츠

콘텐츠커머스가 단순한 제품 판매의 수단을 넘어서기 위해서는 소비자와의 관계가 일회성이 아닌 장기적 소통 구조로 전환되어야 한다. 이때 핵심 전략이 바로 '팬덤(fandom)' 구축이다. 팬덤은 단순한 고객 충성도를 넘어 브랜드를 중심으로 형성된 감정적 유대와 자발적인 확산 행동을 기반으로 한다. 실무자는 팬덤 형성을 위한 브랜드 콘텐츠를 기획할 때, 커뮤니티 감성과 콘텐츠 몰입도를 함께 고려한 정교한 전략을 세워야 한다.

팬덤 콘텐츠의 기본은 참여와 공감의 접점 만들기다. 브랜드가 주도적으로 일방향 콘텐츠를 제공하는 방식에서 벗어나, 소비자 스스로 콘텐츠를 소비하고 재가공하며 확산할 수 있는 환경을 제공해야 한다. 예컨대, 특정 캠페인에 참여한 소비자의 콘텐츠를 브랜드 공식 계정에서 소개하거나, 제품에 얽힌 자신의 이야기를 공유할 수 있는 '스토리 공모전'을 운영하는 것은 참여 기반 팬덤 콘텐츠 설계의 대표적인 사례다.

팬덤 콘텐츠는 감성적 연결을 강화할 수 있어야 하며, 이를 위해서는 브랜드의 정체성과 철학을 일관된 메시지로 전달하는 콘텐츠 구조가 필요하다. 단순히 제품을 홍보하는 것을 넘어, 브랜드가 중요하게 여기는 윤리적 소비, 지역 공정무역, 여성의 자기 계발 등의 가치를 콘텐츠를 통해 전달할 때, 소비자는 브랜드의 '스토리'에 공감하며, 자발적으로 브랜드의 대변자가 된다.

브랜드 콘텐츠가 팬덤으로 확장되기 위해서는 지속성과 시리즈화 전략도 중요하다. 단발성 캠페인보다는 브랜드 세계관을 지속적으로 확장해 나가는 콘텐츠가 팬덤 형성에 효과적이다. 예를 들어, 캐릭터 시리즈, 에피소드 중심의 숏폼 연재, 고객 사연을 기반으로 한 감동 영상 콘텐츠 등은 브랜드에 대한 지속적인 관심과 정서적 유입을 유도한다.

팬덤 콘텐츠는 소비자의 자아 정체성과 연결되어야 한다. 사람들은 자신이 좋아하는 브랜드를 통해 자신을 표현하고, 소속감을 확인하고자 한다. 따라서 콘텐츠는 '이 브랜드를 좋아하는 내가 자랑스럽다'는 감정을 유도하는 방향으로 기획되어야 한다. 이는 굿즈, 스티커, 사용자 한정 콘텐츠 등 팬덤 특유의 '소장 가치'가 부여된 콘텐츠 형식에서도 발현된다.

브랜드는 팬덤을 형성하기 위해 공동체적 언어와 유머 코드, 밈(meme)의 활용에도 주목해야 한다. 특정한 문구나 상징, 짧은 유머 코드는 팬덤 구성원들 사이에서 자발적으로 사용되며, 이는 브랜드 정체성을 공유하는 하나의 문화로 발전한다. 예컨대, 'ㅇㅇ만의 언어', 'ㅇㅇ인이라면 알 수 있는 감정' 등은 콘텐츠를 브랜드 커뮤니티의 내부 문화로 기능하게 만든다.

팬덤은 단지 콘텐츠 소비자 집단이 아니라, 브랜드 공동 창작자이자 문화 확산 주체로 발전할 수 있다. UGC, 크리에이터 콜라보, SNS 챌린지 기반 콘텐츠 등은 팬덤의 자발성을 전제로 콘텐츠를 함께 만들어나가는 전략이다. 이때 브랜드는 소비자의 콘텐츠를 단순 공유하는 것을 넘어, 공식 콘텐츠로 재가공하거나 보상 체계를 마련함으로써 팬의 창의성을 존중해야 한다.

또한 팬덤 콘텐츠는 정서적 안정감과 긍정적 감정 자극을 줄 수 있어야 한다. 특히 불확실한 시대에는 브랜드가 제공하는 위로, 지지, 연대 메시지가 소비자의 일상에 정서적 위안을 줄 수 있으며, 이는 브랜드에 대한 깊은 신뢰로 연결된다. 실무자는 콘텐츠를 통해 사회적 감수성과 시대정신을 녹여내고, 팬덤 구성원들이 정서적으로 소속감을 가질 수 있는 메시지를 설계해야 한다.

더불어 팬덤을 만드는 브랜드 콘텐츠는 단순한 판매를 넘어서 소비자와 감정적 관계를 구축하고, 브랜드를 정체성의 일부로 받아들이게 만들어야 한다. 실무자는 소비자가 콘텐츠를 소비하는 데 그치지 않고, 브랜드의 이야기에 참여하고, 스스로 이야기를 확장해가는 구조를 만들어야 하며, 이는 콘텐츠커머스에서 가장 강력한 전환 유도 요인이 된다. 팬덤은 마케팅 전략의 끝이 아니라, 콘텐츠를 통한 관계의 시작이 되어야 한다.

인플루언서와 크리에이터 전략

　콘텐츠커머스의 핵심 채널로 자리 잡은 인플루언서와 크리에이터는 단순한 홍보 매개체를 넘어, 브랜드의 콘텐츠 파트너이자 고객과의 정서적 연결고리로 기능한다. 이들은 기존의 광고모델과는 달리, 자기만의 콘텐츠 세계관과 팬층을 바탕으로 소비자와 긴밀한 관계를 형성하며 브랜드 메시지를 '신뢰 기반'으로 전달한다. 실무자는 인플루언서와 크리에이터를 브랜드 외부의 독립 주체가 아닌, 콘텐츠 전략의 일부로 설계해야 한다.

　인플루언서 마케팅의 핵심은 '신뢰와 친밀감'이다. 소비자는 유명 연예인보다 자신과 유사한 생활을 공유하는 인플루언서에게 더 높은 호감과 설득을 느끼며, 이들이 소개하는 제품에 대해 진정성 있는 정보를 얻는다고 인식한다. 특히 소셜미디어 기반의 크리에이터는 영상, 이미지, 텍스트 콘텐츠를 통해 브랜드를 자연스럽게 소개하며, 이 과정에서 형성된 상호작용은 기존 광고보다 강한 몰입과 전환을 이끈다.

브랜드는 인플루언서와 협업할 때 단순한 단발성 광고 콘텐츠보다 브랜디드 콘텐츠 중심의 장기 전략을 구축해야 한다. 예를 들어, 제품 협찬 기반의 단순 리뷰 영상보다는, 브랜드 철학이나 제품의 기획 배경, 실제 사용 후기, 언박싱부터 활용 팁까지 서사 구조를 가진 콘텐츠가 더 높은 반응을 유도한다. 이는 브랜드가 인플루언서의 콘텐츠 흐름 속에 유기적으로 녹아드는 방식이다.

또한 브랜드는 인플루언서의 콘텐츠 스타일과 세계관을 존중해야 한다. 일방적인 브랜드 지시가 아닌, 크리에이터가 자신의 방식으로 제품을 해석하고, 팬들과 자연스럽게 공유할 수 있는 자율성을 부여할 때 콘텐츠의 진정성이 강화된다. 이를 위해 '콘텐츠 통제'가 아닌 '콘텐츠 동반 창작'의 관점에서 접근해야 하며, 인플루언서의 개성과 브랜드 메시지가 충돌하지 않도록 사전 전략 조율이 중요하다.

인플루언서 전략에서 중요한 또 하나의 원칙은 '크리에이터 다양성' 확보다. 메가 인플루언서 한 명에게 의존하기보다는, 마이크로 인플루언서, 나노 인플루언서 등 영향력을 가진 다양한 크리에이터를 병렬적으로 활용함으로써, 타깃 세분화와 리스크 분산이 가능해진다. 특히 마이크로 인플루언서는 특정 관심사에 대한 전문성과 높은 팬 몰입도를 가지고 있어 니치 마켓에서의 전환율이 높다.

브랜드는 또한 크리에이터와의 장기적 파트너십 구조를 통해 '브랜드 앰버서더'를 육성할 수 있다. 이들은 브랜드를 일회성으로 소개하는 것이 아니라, 반복적이고 장기적인 콘텐츠 속에서 브랜드를 일관되게 노출함으로써, 팬들로부터 '그 사람 = 그 브랜드'라는 정체성 연상을 가능하게 한다. 이는 팬덤 중심 콘텐츠 전략과도 맞물리며, 브랜드의 정체성과 고객의 감정적 연결을 강화한다.

최근에는 브랜드 자체가 크리에이터 인큐베이팅 플랫폼으로서 기능하는 사례도 증가하고 있다. 브랜드가 인플루언서에게 촬영 장소, 제품, 콘텐츠 아이디어, 편집 툴 등을 제공하고 크리에이터는 브랜드의 콘텐츠 확산에 기여하면서 성장 기회를 얻는다. 이는 브랜드와 크리에이터 간의 상생 구조를 형성하며 콘텐츠 생태계의 유기적 확장을 가능하게 한다.

인플루언서 전략의 성과를 높이기 위해서는 데이터 기반 성과 측정과 전략 조정도 필수적이다. 콘텐츠 노출량, 좋아요 수, 댓글 반응, 클릭률, 구매 전환율 등 다양한 데이터를 기반으로 어떤 크리에이터가 어떤 콘텐츠 포맷에서 강점을 보이는지 분석하고, 이를 토대로 전략을 유연하게 조정해야 한다. 단순히 팔로워 수만으로 성과를 판단하지 않고, '콘텐츠 영향력'을 중심으로 평가 기준을 재설계해야 한다.

이로 인해 인플루언서와 크리에이터 전략은 콘텐츠커머스에서 브랜드와 소비자 간의 거리를 좁히고, 콘텐츠 몰입도와 신뢰도를 동시에 확보하는 강력한 도구로 활용되고 있다. 실무자는 크리에이터를 단순한 광고 수단이 아니라 브랜드 세계관을 함께 설계하고, 전달하고, 확대하는 파트너로 인식해야 하며, 콘텐츠 전략과의 긴밀한 연동을 통해 지속 가능한 관계를 구축해야 한다. 인플루언서는 브랜드의 입이 아니라, 브랜드와 고객 사이의 공감과 대화가 이루어지는 '다리'가 되어야 한다.

단어 체크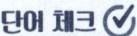

- PUGC(Professional User Generated Content): 전문가나 준전문가가 만든 콘텐츠. 일반 사용자이지만 품질과 기획력이 높음

AI 인플루언서의 등장

　AI 기술의 진보는 콘텐츠커머스 영역에 새로운 주체를 등장시켰다. 바로 인간이 아닌 인공지능 기반의 'AI 인플루언서'이다. AI 인플루언서는 사람처럼 보이고 말하며 활동하는 가상 인물로, 디지털 환경에서 브랜드 메시지를 전달하고 소비자와 소통하는 새로운 유형의 콘텐츠 크리에이터다. 이미 세계적인 패션 브랜드, 뷰티 산업, 테크 스타트업 등에서 이들을 브랜드 홍보의 핵심 파트너로 활용하고 있으며, 이는 단순한 실험이 아닌 전략적 전환으로 해석된다.

　AI 인플루언서는 기본적으로 가상의 외형과 스토리를 기반으로 한다. 대표적인 사례로는 릴 미켈라(Lil Miquela), 로지(Rozy), 임마(Imma) 등이 있다. 이들은 실제 인간처럼 인스타그램을 운영하고 브랜드 제품을 착용하며 콘텐츠를 생산한다. 소비자들은 이들의 삶과 생각, 일상 콘텐츠에 반응하고 교류하면서 마치 실제 인플루언서와의 관계처럼 몰입하게 된다. 이때 중요한 것은 이들이 단순히 '가짜 사람'이 아니라, 독자적인 정체성과 가치관을 가진 '디지털 캐릭터'로서 소비자와 정서적 유대를 형성한다는 점이다.

AI 인플루언서의 강점은 브랜드 통제력과 무제한 확장성이다. 인간 인플루언서와 달리 AI는 브랜드의 시나리오, 콘텐츠 톤, 메시지, 출현 빈도 등을 100% 설계할 수 있으며, 실시간 대응도 가능하다. 또한 시간, 장소, 피로도에 제약이 없기 때문에 24시간 글로벌 활동이 가능하며, 여러 국가와 문화권에서 동시에 콘텐츠를 제작하고 퍼블리싱할 수 있다.

또한 AI 인플루언서는 논란 리스크를 줄이는 안전 자산이기도 하다. 실제 인플루언서는 사생활 문제나 정치적 발언, 브랜드 이미지와 충돌하는 사건에 노출될 가능성이 있으나, AI 인플루언서는 사전 검증된 콘텐츠와 커뮤니케이션만 수행하기 때문에 리스크 관리가 용이하다. 이는 장기적 브랜드 안정성과 통제력을 중시하는 글로벌 기업에게 매력적인 전략이 된다.

AI 인플루언서는 단순히 시각적 콘텐츠에 머물지 않고, AI 음성 합성과 챗봇 기술을 활용해 대화형 상호작용까지 수행한다. 사용자는 AI 인플루언서와 대화하며 제품에 대한 정보를 얻고, 추천을 받으며, 마치 실제 상담을 받는 것처럼 경험한다. 이는 쇼핑 어시스턴트 기능과 결합되어, AI 인플루언서가 콘텐츠 소비자에서 구매자로의 전환까지 유도하는 역할을 맡는다.

그러나 AI 인플루언서 전략이 성공하기 위해서는 진정성 있는 서사와 인간적 감성의 설계가 필수적이다. AI라고 해서 감정이 없는 콘텐츠를 반복해서는 팬덤을 형성할 수 없다. 오히려 가상의 존재이기 때문에 더욱 정교한 서사 구조와 감정 코드가 필요하다. 예컨대, AI 인플루언서가 사회적 이슈에 공감하는 메시지를 내거나, 개인적인 고민을 고백하는 콘텐츠를 통해 감정의 공명을 유도할 수 있어야 한다.

AI 인플루언서의 등장은 브랜드 아이덴티티의 확장 도구로도 활용된다. 기존 브랜드가 추구하는 이미지가 사람 인플루언서와 완전히 일치하지 않을 때, 브랜드 전용 AI 인플루언서를 개발하여 브랜드 세계관을 시각적으로 구현할 수 있다. 예를 들어, 환경을 중시하는 브랜드는 친환경 삶을 실천하는 AI 인물을 등장시켜, 콘텐츠 전체를 브랜드 미션과 정렬시키는 전략이 가능하다.

실무자는 AI 인플루언서 전략을 도입할 때, 기술 중심 접근이 아니라 콘텐츠 중심 전략으로 설계해야 한다. 기술은 도구일 뿐이며, 핵심은 소비자가 AI 인플루언서와 어떤 감정적 경험을 하게 되는가, 그리고 그것이 브랜드에 대한 신뢰와 충성으로 어떻게 이어지게 하는가에 있다. 따라서 초기에는 명확한 세계관 설정, 언어와 스타일, 콘텐츠 시나리오 구조, 플랫폼별 운영 방식 등을 섬세하게 기획해야 한다.

AI 인플루언서는 콘텐츠커머스의 확장된 경계에서 브랜드의 이야기와 고객의 상호작용을 매개하는 미래형 콘텐츠 주체다. 실무자는 이를 통해 브랜드 정체성을 보다 정제된 방식으로 전달하고, 새로운 소비자 접점을 창출하며, 기술 기반 감성 커뮤니케이션을 구현할 수 있어야 한다. 앞으로 AI 인플루언서는 인간 인플루언서를 대체하는 것에 그치는 것이 아니라, 브랜드 콘텐츠 전략의 새로운 축으로 공존하게 될 것이다.

협업 모델과 ROI 측정법

콘텐츠커머스 시대의 마케팅은 더 이상 브랜드 단독 수행만으로는 성과를 내기 어렵다. 인플루언서, 크리에이터, 플랫폼, 기술 기업 등 다양한 외부 파트너와의 협업을 통해 시너지를 창출하는 구조가 필수적이며, 동시에 각 협업의 효과를 객관적으로 분석하고 ROI(Return on Investment)를 측정하는 전략이 병행되어야 한다. 실무자는 협업 모델을 체계적으로 설계하고, 성과 분석 기준을 명확히 해야 콘텐츠커머스의 지속 가능성을 확보할 수 있다.

협업 모델의 핵심은 상호 보완성과 목표 일치에 있다. 예를 들어 제품을 직접 제작하지 않는 브랜드는 제조 파트너와 협업해 콘텐츠 기반 D2C[01] 모델을 강화할 수 있고, 특정 분야의 영향력을 가진 인

---

01) D2C(Direct to Consumer): 브랜드가 유통 단계를 거치지 않고 소비자에게 직접 판매하는 방식

플루언서와는 콘텐츠 공동 제작을 통해 콘텐츠 도달률을 극대화할 수 있다. 협업은 단순한 외주가 아니라 브랜드의 전략과 목표를 공유하는 '공동 운영 체계'로 기획되어야 한다.

대표적인 협업 형태는 크리에이터 콜라보레이션이다. 브랜드는 특정 제품 출시 시점에 크리에이터와 함께 콘텐츠 시리즈를 제작하고 제품의 특장점을 콘텐츠 흐름 속에 자연스럽게 녹여낸다. 플랫폼 제휴형 협업도 있다. 라이브커머스 플랫폼, 숏폼 앱, 쇼핑몰 등과 공동 프로모션을 기획하고, 콘텐츠 노출을 극대화한다. 기술 기반 파트너십은 AI 분석 툴, 데이터 리포트 플랫폼, 챗봇 솔루션 제공 기업과의 협업을 통해 콘텐츠 성과 측정과 사용자 반응 분석을 자동화하고 고도화한다.

협업이 효과를 발휘하기 위해서는 초기 기획 단계부터 콘텐츠 제작, 퍼블리싱, 후속 대응까지의 역할 분담과 목표 지표(KPI, Key Performance Indicator)[02]를 명확히 정의해야 한다. 예컨대, 콘텐츠의 도달률, 전환율, 체류 시간, 공유 수, 해시태그 사용량, 팬 확장률 등의 다양한 항목이 협업 목표에 포함되어야 하며, 각 지표의 측정 방법과 책임 주체를 사전에 협의해야 한다.

성과 분석의 기준이 되는 것은 결국 ROI다. ROI는 단순히 투자 대비 매출로만 측정되는 것이 아니라, 브랜드 인지도 상승, 커뮤니티

---

02) KPI(Key Performance Indicator): 핵심 성과 지표. 마케팅 캠페인이나 콘텐츠의 효과를 측정하는 기준(예 클릭률, 전환율 등)

확장, 반복 구매율 상승, 고객 감정 반응 등의 비금전적 성과까지 포함한다. 따라서 실무자는 정량적 ROI와 정성적 ROI를 통합적으로 측정해야 한다.

〈정량적 ROI와 정성적 ROI의 예〉

- 정량적 ROI: 매출, 클릭 수, 전환율
- 정성적 ROI: 브랜드 이미지, 팬덤 강화, 콘텐츠 파급력

ROI를 측정하는 주요 방법에는 URL 트래킹 분석이 있다. 협업 콘텐츠에 UTM(Urchin Tracking Module) 코드를 삽입하거나 별도의 랜딩 페이지를 설계해, 해당 콘텐츠를 통해 유입된 사용자 수와 행동 데이터를 추적한다. 소셜 리스닝 및 반응 분석은 댓글 수, 공유 수, 감성 키워드 분석을 통해 콘텐츠가 소비자 정서에 어떤 영향을 미쳤는지를 파악한다. 인플루언서 성과 비교 대시보드는 여러 인플루언서를 활용했을 경우, 동일 기간 내 성과를 비교 분석하여 최적의 파트너를 선별하는 기준으로 삼는다.

또한 협업 ROI를 평가할 때는 장기적 기여도와 콘텐츠 수명 주기도 고려해야 한다. 일부 콘텐츠는 단기간에 강한 반응을 얻는 대신 금방 소멸되기도 하고, 어떤 콘텐츠는 시간차를 두고 검색 유입, 반복 소비를 통해 꾸준히 전환을 유도하기도 한다. 실무자는 이 점을 감안해 단기 KPI와 장기 KPI를 분리해 설정하고 관리해야 한다.

협업 모델이 성공적으로 유지되기 위해서는 정기적인 리뷰 미팅과

공동 데이터 분석이 필수적이다. 단순히 '성과가 좋았다/나빴다'가 아니라, 어떤 콘텐츠 요소가 작동했고, 어떤 부분에서 이탈이 발생했는지 구체적인 피드백이 이루어져야 하며, 이는 협업 파트너 간의 신뢰와 전략 조정 능력을 강화하는 핵심 장치가 된다.

〈협업 모델〉

협업 모델과 ROI 측정법은 콘텐츠커머스를 전략적으로 운영하는 데 있어 두 축을 이루는 핵심이다. 실무자는 누구와 어떤 방식으로 협업할 것인가를 명확히 설계하고, 그 결과를 어떻게 측정하고 해석할 것인가에 대한 체계를 갖추어야 한다. 협업은 브랜드의 외연을 확장하는 도구이며, ROI 측정은 그 확장의 지속 가능성을 확보하는 검증 장치다. 결국 협업은 감각이 아니라 '수치로 증명되는 창의성'이 되어야 한다.

라이브커머스와 숏폼 마케팅

콘텐츠커머스가 급속히 진화하면서 실시간성과 몰입도를 동시에 갖춘 포맷인 라이브커머스와 숏폼 콘텐츠가 주목받고 있다. 이 두 채널은 각각 '즉각적 상호작용'과 '압축된 몰입 경험'을 제공함으로써 소비자의 주목을 끌고, 높은 전환율로 연결되는 강력한 마케팅 수단으로 자리 잡고 있다. 실무자는 이 두 형태의 콘텐츠를 단순히 형식으로 접근하기보다는, 브랜드 전략에 따라 정교하게 설계하고 운영해야 한다.

〈콘텐츠 커머스의 진화〉

라이브 커머스 / 숏폼 콘텐츠 → (즉각적 상호작용 / 압축된 몰입 경험) → 소비자 주목↑ 높은 전환율

라이브커머스는 실시간 스트리밍을 통해 제품을 소개하고, 즉시 구매를 유도하는 콘텐츠커머스 포맷이다. 시청자는 호스트의 설명을 실시간으로 들으며 제품을 확인하고, 채팅을 통해 질문하거나 할인 혜택을 받을 수 있으며, 방송 중 바로 구매할 수 있는 환경이 제공된다. 이러한 구조는 방송의 몰입도와 쇼핑의 즉시성을 결합한 새로운 소비 경험을 제공한다.

라이브커머스의 핵심은 '신뢰 기반 실시간 설득'이다. 호스트가 제품을 직접 사용해보고 설명하며, 시청자와의 대화를 통해 반응을 유도하고, 실시간 댓글에 따라 진행을 조정하는 유연성이 핵심이다. 특히 인플루언서나 브랜드 대표가 출연할 경우, 시청자는 그들의 말과 행동에서 진정성을 느끼며 제품에 대한 신뢰를 빠르게 형성하게 된다. 이는 기존 쇼핑몰 리뷰나 정적 콘텐츠보다 전환율이 높아지는 이유다.

또한, 라이브커머스는 한정성과 긴박감을 활용하는 전략에 최적화되어 있다. "오늘 방송 중에만 할인", "10분 내 구매자에겐 사은품 증정" 등 시한성과 희소성을 자극하는 메시지는 소비자의 즉각적인 구매 결정을 유도하며, 이는 라이브 방송이 가진 실시간성과 심리적 압박 효과를 잘 보여준다.

숏폼 마케팅은 15초에서 1분 이내의 짧은 영상 콘텐츠로 소비자를 주목하게 하고, 반복적 노출을 통해 브랜드 인식을 강화하는 전략이다. 유튜브 쇼츠, 인스타그램 릴스, 틱톡 등이 대표적인 채널이며, 소비자들은 스크롤 하나로 수많은 숏폼 콘텐츠를 접하게 된다.

이 환경 속에서 첫 3초 안에 시선을 사로잡는 콘텐츠 설계가 가장 중요하다.

숏폼은 '압축된 메시지와 강한 감정 자극'을 통해 소비자 기억에 각인되는 방식으로 작동한다. 예를 들어, 제품의 핵심 기능을 빠르게 보여주거나, 사용자 후기의 감동적인 한 장면, 실생활에서의 유용성을 순간적으로 포착한 장면 등은 효과적인 전환을 유도할 수 있다. 감성 코드와 바이럴 요소를 결합한 짧은 콘텐츠는 자발적인 공유와 팬덤 형성을 이끌어낸다.

라이브커머스와 숏폼은 각각의 장점 외에도 상호 연계 전략을 통해 더욱 강력한 마케팅 효과를 발휘할 수 있다. 라이브커머스 방송의 하이라이트를 숏폼으로 재가공하거나 숏폼을 예고편처럼 활용해 라이브 방송으로의 유입을 유도하는 방식은 콘텐츠의 재활용성과 접근성을 높인다. 이는 단일 채널 전략에서 다채널 연계 전략으로 전환하는 데 효과적이다.

실무자는 이 두 포맷을 단지 유행으로 보는 것이 아니라 브랜드의 콘텐츠 전략과 구매 전환 퍼널에 맞춰 정밀하게 배치해야 한다. 예컨대, 브랜드 인지도 제고가 우선인 경우 숏폼 중심 전략을 택하고, 상품 설명과 신뢰 형성이 필요한 고관여 제품의 경우 라이브커머스를 전면에 배치하는 전략이 유효하다.

콘텐츠 제작 측면에서 라이브커머스는 대본 구성, 제품 시연, 실시간 응대 시나리오가 필요하며 숏폼은 컷 편집 기술, 자막 디자인, 바이럴 포인트 설계가 중요하다. 실무자는 이 두 가지 포맷의 제작 기술과 스토리텔링 기법을 숙련도 높게 다룰 수 있어야 하며 동시에 브랜드의 메시지를 왜곡 없이 전달할 수 있는 콘텐츠 거버넌스를 유지해야 한다.

라이브커머스와 숏폼 마케팅은 콘텐츠커머스의 '지금 이 순간'을 장악하는 최적의 도구다. 실무자는 이 두 가지 채널의 기술적 특성과 소비자 심리 반응을 깊이 이해하고 브랜드의 스토리와 정체성을 녹여낸 콘텐츠를 통해 소비자와 실시간으로 연결되는 전략을 설계해야 한다. 짧고 빠르되, 강렬하고 설득력 있는 콘텐츠가 콘텐츠커머스의 미래를 이끌어갈 것이다.

실시간 콘텐츠 기획과 운영

실시간 콘텐츠는 단순히 정보를 전달하는 데 그치지 않고, 브랜드와 소비자 사이에 즉각적인 상호작용을 유도하며 몰입도 높은 경험을 제공하는 중요한 콘텐츠 포맷으로 부상하고 있다. 라이브커머스를 포함한 실시간 콘텐츠는 시청자의 반응에 따라 흐름이 달라지고, 실시간 피드백을 반영하여 진행되기 때문에 콘텐츠의 기획과 운영이 더욱 정교해야 한다. 실무자는 실시간 콘텐츠가 가지는 전략적 가치를 이해하고, 기획 단계부터 운영과 분석에 이르기까지 명확한 설계가 필요하다.

실시간 콘텐츠 기획의 가장 중요한 것은 명확한 목표 설정과 스토리 구성이다. 실시간 콘텐츠는 '무엇을 보여줄 것인가'뿐만 아니라 '왜 보여주는가', '어떤 행동을 유도할 것인가'에 대한 기획이 중요하다. 예를 들어, 신제품 론칭을 위한 실시간 방송이라면 제품의 USP(Unique Selling Point)를 중심으로 호스트가 어떤 방식으로 설명할지, 시청자 질문에 어떻게 응답할지를 사전에 정리해야 한다. 동시에 방송의 도입, 전개, 전환, 마무리에 이르는 스토리도 구성해야 한다. 이는 시청자 이탈을 막고, 구매 전환을 높이는 데 결정적 역할을 하기 때문이다.

특히 실시간 콘텐츠의 핵심은 사람으로 호스트와 콘텐츠의 일체감을 부여한다는 것이다. 브랜드 대표, 인플루언서, 전문 쇼호스트 등 다양한 출연자가 콘텐츠에 등장할 수 있으며 이들의 말투, 표정, 제스처는 브랜드의 이미지와 직결된다. 따라서 호스트는 단순히 제품 설명자가 아니라 브랜드를 대변하는 커뮤니케이터로서 사전 교육과 연습이 필요하다. 실무자는 호스트의 성향에 맞는 콘텐츠 시나리오를 구성하고 자연스러운 스토리텔링을 이끌어야 한다.

이와 함께 실시간 콘텐츠에서 중요한 것은 상호작용 설계다. 실시간 콘텐츠는 채팅, 댓글, 실시간 퀴즈, 설문, 응원, 좋아요 등 다양한 반응 장치를 활용해 시청자의 참여를 유도할 수 있다. 예를 들어, 시청자 질문에 실시간으로 답변하거나 구매 인증 이벤트를 통해 추가 혜택을 제공하는 방식은 시청자의 몰입도를 높이고 구매를 유도할 수 있다. 실무자는 이러한 인터랙션을 사전에 시나리오에 포함시키고, 기술적으로 원활히 구현될 수 있도록 준비해야 한다.

또한 기술과 환경의 안정성 확보도 **빼놓을** 수 없다. 실시간 콘텐츠는 기술적 오류가 발생할 경우 소비자 이탈률이 급격히 증가한다. 방송 장비, 네트워크 환경, 스트리밍 툴의 안정성, 리허설 등 사전 점검이 철저히 이루어져야 하며, 기술 담당자와의 긴밀한 협업이 필요하다. 특히 다양한 플랫폼(네이버 쇼핑라이브, 쿠팡 라이브, 인스타그램

라이브 등)의 특성과 세팅 방식을 숙지하고, 플랫폼별 UI에 맞춰 콘텐츠를 최적화해야 한다.

이외에도 데이터 기반 피드백 루프 설계도 절대적으로 필요하다. 실시간 콘텐츠는 종료 후에도 반드시 분석이 뒤따라야 한다. 시청자 수, 최대 동시 시청자 수, 채팅 참여율, 클릭률, 구매 전환율 등 다양한 지표를 통해 성과를 정량적으로 분석하고, 이를 다음 콘텐츠 기획에 반영해야 한다. 실무자는 방송 직후 리포트를 작성하고, 성공/실패 요인을 콘텐츠 흐름과 반응을 기준으로 상세히 리뷰해야 한다.

이와 함께 실시간 콘텐츠는 재가공 및 확산 전략을 반드시 병행해야 한다. 라이브 방송 전체를 다시보기 영상으로 제공하거나, 핵심 장면을 하이라이트 클립, 숏폼 영상으로 재편집해 SNS와 유튜브에 배포함으로써 콘텐츠 수명을 연장할 수 있다. 특히 하이라이트 콘텐츠는 브랜드의 유튜브 채널, 광고용 숏폼, 홈페이지 배너 등 다양한 방식으로 2차 활용되며, 라이브 시청에 참여하지 못한 고객에게도 브랜드 경험을 제공할 수 있다.

이처럼 실시간 콘텐츠 기획과 운영은 콘텐츠커머스에서 브랜드의 민첩성과 진정성을 동시에 보여주는 전략이다. 실무자는 실시간 콘텐츠를 단순한 홍보 방송이 아니라, 브랜드와 소비자가 실시간으로 '대화하는 경험'으로 설계해야 하며, 그 흐름과 리듬, 반응과 데이터가 유기적으로 연결되도록 치밀하게 준비해야 한다. 실시간 콘텐츠는 준비된 자만이 성공할 수 있는 가장 즉각적이고도 영향력 있는 콘텐츠 형식이다.

플랫폼별 콘텐츠 전략 최적화

콘텐츠커머스 환경에서 플랫폼은 단순한 유통 채널이 아닌, 콘텐츠 소비 방식과 전환 전략의 핵심 변수가 된다. 각각의 플랫폼은 고유한 사용자 행동, 콘텐츠 포맷[03], 알고리즘 구조를 갖고 있기 때문에, 콘텐츠를 일괄적으로 제작하여 모든 플랫폼에 적용하는 방식은 효율성과 효과 모두에서 한계를 드러낸다. 실무자는 플랫폼 특성에 맞춘 콘텐츠 전략을 수립하고, 각 플랫폼의 강점을 극대화하는 방식으로 최적화해야 한다.

우선 인스타그램은 감각적인 이미지 중심의 콘텐츠와 짧은 영상 콘텐츠에 최적화된 플랫폼이다. 팔로워 기반 도달 구조와 해시태그 검색 노출 메커니즘을 활용하면 타깃 도달률을 높일 수 있다. 실무

---

03) 콘텐츠 포맷 전략: 플랫폼과 소비자 유형에 따라 콘텐츠 유형(영상, 카드뉴스, 피드글 등)을 전략적으로 배치하는 방식

자는 제품의 미적 요소를 강조하는 비주얼 콘텐츠, 감성적인 메시지가 담긴 릴스 영상, 그리고 고객 생성 콘텐츠(UGC, User Generated Content)[04]를 통해 브랜드 신뢰를 구축해야 한다. 특히 스토리 기능은 이벤트 홍보, 실시간 투표, 제품 사용법 티저 영상 등을 배포하기에 효과적이다.

유튜브는 검색 기반 플랫폼이자 몰입형 콘텐츠 플랫폼이다. 사용자의 검색 의도에 맞춘 콘텐츠 설계가 중요하며, 특히 제품 리뷰, 비교 분석, 튜토리얼, 브이로그 등 신뢰 기반의 중장기 콘텐츠가 유효하다. 실무자는 SEO(Search Engine Optimization)[05]를 고려한 제목, 태그, 설명문 작성은 물론, 썸네일 이미지와 시청 지속시간을 고려한 스크립트 구조까지 정교하게 설계해야 한다. 또한 유튜브 쇼츠(Shorts)를 활용하면 숏폼 콘텐츠 확산도 가능하다.

틱톡은 빠른 소비와 바이럴 중심의 숏폼 플랫폼이다. 사용자들은 짧은 시간 안에 유머, 감정, 반전을 경험하고 싶어 하며, 따라서 콘텐츠는 '3초 내 주목 포인트', '음악 활용', '트렌디한 챌린지' 요소를 갖추어야 한다. 실무자는 틱톡의 알고리즘 특성을 분석해 콘텐츠를 주기적으로 테스트하고, 반응이 좋은 포맷을 중심으로 최적화 전략을 구성해야 한다. 틱톡 광고 상품도 구매 전환 유도를 위한 다이렉

---

04) UGC(User Generated Content): 일반 사용자나 고객이 자발적으로 만든 콘텐츠(리뷰, 후기, 언박싱 등)
05) SEO(Search Engine Optimization): 검색엔진 최적화. 검색에서 잘 노출되도록 콘텐츠 제목, 설명, 태그 등을 설계하는 기법

트 CTA 설정이 가능하다.

네이버 쇼핑라이브와 쿠팡 라이브 등 라이브커머스 플랫폼은 실시간 소통을 기반으로 하는 쇼핑 방송에 특화되어 있다. 실시간 구매 유도, 채팅 기반 Q&A, 제한 시간 할인 등 즉시성 전략이 효과적이며, 플랫폼 내 푸시 알림과 홈화면 배너 노출 기능을 최대한 활용해야 한다. 실무자는 플랫폼 내 데이터를 분석해 최적 방송 시간대, 카테고리별 반응률, 반복 구매율을 기준으로 콘텐츠 운영 계획을 수립해야 한다.

카카오톡 채널과 같은 메신저 기반 플랫폼은 개인화된 메시지 전달에 강점을 지닌다. 정기적인 뉴스레터, 신제품 출시 알림, 프로모션 쿠폰 콘텐츠 등은 충성 고객의 반복 구매를 유도한다. 실무자는 콘텐츠 설계 시 '친근한 대화형 문체', '이모티콘 활용', '간결한 CTA'를 활용해 고객의 심리적 거리감을 줄이고, 클릭률을 높일 수 있다.

브랜드 자체 플랫폼(자사몰 앱, 웹사이트)도 주요 채널로 부상하고 있다. 자체 플랫폼에서는 브랜드 세계관을 전면적으로 구현할 수 있으며, 소비자 데이터를 직접 확보할 수 있다는 장점이 있다. 실무자는 이곳에서 장기 콘텐츠 시리즈, 브랜드 다큐, 고객 후기 콘텐츠 등 신뢰와 충성도를 높이는 콘텐츠 중심 전략을 실행해야 하며, 웹로그 분석을 통해 유입 경로와 이탈 구간을 지속적으로 관리해야 한다.

콘텐츠 전략 최적화를 위해 실무자는 각 플랫폼의 다음 요소를 분석해야 한다.

- 유저 성별, 연령, 관심사 분포

- 콘텐츠 소비 시간대 및 평균 체류 시간
- 알고리즘 기반 추천 방식의 작동 원리
- CTA 클릭률과 전환 행동까지의 경로
- 광고 상품의 효율성과 활용 조건

이러한 데이터를 바탕으로 플랫폼별 핵심 콘텐츠 유형, 톤앤매너, 콘텐츠 길이, 해시태그 전략, 배포 타이밍을 각각 조정해야 하며 동일한 메시지를 다양한 방식으로 해석해 배포하는 '멀티 포맷, 싱글 메시지' 전략을 적용해야 한다.

플랫폼별 콘텐츠 전략 최적화는 콘텐츠커머스의 성패를 좌우하는 요소다. 실무자는 각 플랫폼의 구조와 문법을 이해하고 콘텐츠를 맞춤형으로 설계함으로써 브랜드 메시지를 효과적으로 전달하고 소비자와의 연결을 강화할 수 있어야 한다. 더 이상 '모든 채널에 하나의 콘텐츠'를 적용하는 시대는 끝났으며 플랫폼 맞춤 전략만이 성과를 만든다.

실시간성, 감정 연결, 진정성 중심의 콘텐츠가 핵심이며 크리에이터 협업과 플랫폼별 최적화 전략은 AI 시대의 콘텐츠커머스 성패를 좌우하는 요소이다.

주제	내용
인플루언서와 크리에이터 전략	- 브랜드는 **크리에이터와 공동 기획**하여 진정성 있는 콘텐츠를 생산해야 함 - 단순 광고 모델이 아닌 **브랜드 파트너십 모델**로 전환 필요 - 팔로워 수보다는 **영향력 · 신뢰도 · 타깃 적합성**이 핵심 기준 - 인플루언서는 '상품 리뷰어'가 아니라 **브랜드 경험 설계자**로 기능함
라이브커머스와 숏폼 마케팅	- **라이브커머스**는 실시간 소통 · 한정 할인 · 감정 자극으로 구매 전환을 유도함 **숏폼 콘텐츠**는 몰입-공감-참여 유도를 통해 빠른 확산과 브랜드 노출 효과 극대화 - 둘 다 **즉흥성, 리얼함, 긴밀한 소통**이 핵심이며 감정 기반 소비를 자극함 - AI 기반으로 **시간대별 추천, 콘텐츠 자동 편집, 타깃별 맞춤 쇼츠 배포**도 가능
플랫폼별 콘텐츠 전략 최적화	- **유튜브**: 검색 최적화 + 시청 지속시간 기반 롱폼 콘텐츠(브랜드 스토리, 리뷰) **틱톡/릴스**: 감성 · 몰입형 숏폼 중심, 완시율 · 참여율이 중요 **인스타그램**: 미적 감성 + 개인 브랜드 중심 콘텐츠, 릴스 활용도 높음 **네이버/쿠팡**: 상품 중심 정보 콘텐츠 + 실시간성 강조(쇼핑라이브 등) - 각 플랫폼의 **알고리즘 특성과 소비자 행동 데이터**를 고려한 최적화 전략 필요

PART 5

미래 전망과 실무자의 역할

AI-콘텐츠커머스의 미래

AI 기술의 급격한 발전은 콘텐츠커머스의 패러다임을 재정의하고 있다. 단순히 콘텐츠를 제작하고 유통하는 것을 넘어, 콘텐츠 자체가 실시간으로 생성되고 최적화되며, 고객과의 상호작용을 자동으로 수행하는 단계로 진화하고 있다. 이러한 흐름 속에서 콘텐츠커머스의 미래는 더욱 정교하고, 예측 가능하며, 맞춤화된 경험을 지향하게 될 것이다. 실무자는 이러한 변화의 흐름을 정확히 인지하고, 기술과 전략, 윤리의 균형 속에서 미래 방향을 설정해야 한다.

콘텐츠 자동화의 진화

현재의 AI는 이미지 생성, 영상 편집, 스크립트 작성 등에서 보조 역할을 하고 있으나 앞으로는 콘텐츠 제작의 전 주기를 실시간으로 처리할 수 있는 수준으로 진화할 것이다. 특히 멀티모달 AI[01]의 발전은 텍스트-음성-영상이 통합된 콘텐츠를 자동으로 생성하고 퍼블리싱하는 환경을 가능케 하며, 실시간 피드백 기반 콘텐츠 조정 시스템이 보편화될 것으로 보인다.

고객이 특정 상품을 클릭한 순간 AI가 해당 제품에 맞는 리뷰 콘텐츠, 튜토리얼 영상, 추천 문구를 실시간으로 조합하여 보여주는 형태가 구현될 것이다. 이는 콘텐츠의 생산성과 효율성뿐 아니라, 고객 경험의 질적 향상으로 이어질 것이다.

초개인화[02] 콘텐츠커머스의 도래

AI 기반 분석과 행동 예측이 고도화됨에 따라, 콘텐츠커머스는 '모두를 위한 콘텐츠'에서 '한 사람을 위한 콘텐츠'로 전환될 것이다. 고객의 구매 이력, 검색 패턴, SNS 반응, 콘텐츠 시청 시간 등의 데이터를 기반으로, 각 고객에게 최적화된 콘텐츠를 자동 제공하는 것이 기본 전략이 될 것이다.

실무자는 고객 여정의 각 단계에 맞는 콘텐츠를 실시간으로 제시하고, 고객의 반응에 따라 콘텐츠를 즉각 수정·재배치할 수 있는 시스템을 구축해야 하며, 이는 전통적인 콘텐츠 제작 방식에서 탈피한 새로운 운영 모델을 요구한다.

---

01) 멀티모달 AI: 텍스트, 이미지, 오디오 등 여러 형태의 데이터를 동시에 이해하고 생성하는 AI(예 GPT-4o, Sora)
02) 초개인화(Hyper-personalization): 고객의 데이터(이력, 관심사, 행동 등)를 기반으로 맞춤형 콘텐츠를 자동 제공하는 전략

콘텐츠커머스와 AI 크리에이터의 융합

앞으로는 인간 크리에이터와 AI 크리에이터[03]가 함께 콘텐츠를 제작하고 운영하는 하이브리드 구조가 일반화될 것이다. AI 인플루언서, 가상모델, 디지털 휴먼[04] 등은 이미 일부 브랜드에서 활용되고 있으며, 이들의 콘텐츠는 시간, 비용, 통제 가능성 측면에서 높은 장점을 가진다.

그러나 진정성 있는 브랜드 구축을 위해서는 인간 중심의 감성과 사회적 맥락을 함께 담아야 하므로, 실무자는 AI의 능력을 활용하면서도 인간적 요소를 콘텐츠에 적절히 혼합하는 감각과 판단력이 요구된다.

디지털 윤리와 규제 환경의 중요성 강화

AI 콘텐츠커머스가 확산되면 이에 따른 규제와 윤리 기준도 함께 강화되어야 한다. 특히 고객 데이터의 활용, AI 생성 콘텐츠의 투명성, 알고리즘의 편향 문제 등은 정책과 법률의 핵심 쟁점으로 떠오를 것이다.

따라서 실무자는 기술을 앞서 도입하는 것만큼이나, 조직 내 윤리 기준과 컴플라이언스 체계를 먼저 갖추고, AI 활용에 따른 리스크를 사전에 검토하고 대비할 수 있어야 한다.

---

03) AI 크리에이터: 인공지능이 자동으로 생성하거나 운영하는 콘텐츠 제작자(예 AI 인플루언서, 가상 쇼호스트)
04) 디지털 휴먼: 실제 사람처럼 행동하고 말하는 가상의 인물로, AI가 생성한 아바타나 캐릭터(예 AI 쇼호스트)

지속가능한 콘텐츠커머스를 위한 방향성

AI가 중심이 되는 콘텐츠커머스의 미래는 기술만으로 완성되지 않는다. 결국 고객과의 관계, 사회적 책임, 지속 가능한 가치가 브랜드 경쟁력의 핵심이 될 것이다. 기술은 도구이고, 콘텐츠는 그 도구를 통해 사람과 사람을 연결하는 매개체이다.

실무자는 앞으로도 인간의 공감 능력, 창의성, 윤리의식을 기반으로 AI를 설계하고 활용해야 하며, 콘텐츠커머스를 단기 성과 중심이 아닌 장기적 고객 신뢰 구축의 전략으로 바라보아야 한다.

AI-콘텐츠커머스의 미래는 기술과 사람이 함께 만들어가는 방향으로 나아간다. 콘텐츠는 더욱 지능화되고, 고객은 더욱 개별화되며, 운영은 더욱 자동화된다. 그러나 그 중심에는 언제나 '신뢰'와 '가치'라는 키워드가 남는다. 실무자는 빠른 기술 변화 속에서도 사람 중심의 전략을 잃지 않고, AI를 통해 브랜드의 본질을 더욱 명확히 전달할 수 있는 콘텐츠커머스를 구현해야 한다.

AI 비서 기반 쇼핑 경험

AI 기술이 개인화되고 일상에 깊숙이 스며들면서, 쇼핑 방식에도 근본적인 변화가 일어나고 있다. 그 중심에는 'AI 비서'가 있다. AI 비서는 단순한 음성 명령 수행 장치를 넘어, 사용자 데이터를 분석해 개인 맞춤형 쇼핑을 제안하고, 구매 과정 전반을 자동화하는 지능형 쇼핑 파트너로 진화하고 있다. 이러한 AI 비서 기반 쇼핑[05] 경험은 콘텐츠커머스의 새로운 차원을 열고 있으며, 실무자는 이 변화를 전략적으로 수용하고 준비해야 한다.

AI 비서의 역할 변화

기존의 AI 비서는 음성 인식 기반으로 날씨, 일정, 알람 등을 알려

---

05) AI 비서 기반 쇼핑: 음성이나 채팅으로 상품을 검색·구매할 수 있도록 돕는 개인 맞춤형 쇼핑 도우미(예 아마존 알렉사, 네이버 클로바)

주는 수준이었다. 하지만 최근에는 자연어 처리(NLP), 행동 예측, 통합 커머스 API 기능이 결합되며, 제품 탐색부터 구매, 결제, 추천까지 전 과정을 수행하는 '쇼핑 큐레이터'로 발전하고 있다. 대표적인 예로는 아마존의 알렉사, 구글 어시스턴트, 네이버 클로바 등이 있으며, 이들은 이제 콘텐츠와 쇼핑을 결합하는 새로운 사용자 경험을 만들어낸다.

쇼핑 여정 전반을 안내하는 AI 비서

AI 비서는 고객의 기호, 이전 구매 이력, 관심 상품을 분석하여 적절한 타이밍에 상품을 제안하고, 관련 콘텐츠(리뷰 영상, 언박싱 콘텐츠, 사용자 후기를 기반으로 만든 하이라이트 등)를 자동으로 함께 제공한다. 고객은 음성이나 채팅을 통해 질문을 하고, AI는 관련 콘텐츠를 추천한 뒤 구매 페이지까지 연결한다. 이로써 고객의 탐색-이해-결정-구매의 전 과정이 매끄럽게 이어지는 새로운 소비 여정이 가능해진다.

콘텐츠 기반 대화형 쇼핑 경험

AI 비서를 활용한 쇼핑의 핵심은 '대화형 콘텐츠커머스'이다. 고객은 "봄철에 입기 좋은 여성 정장 보여줘"라고 말하면, AI는 관련 제품 목록과 함께 스타일링 콘텐츠, 구매 후기, 시즌 할인 정보를 보여주는 방식이다. 특히 멀티모달 AI가 결합되면, 고객의 질문에 음성+이미지+텍스트 콘텐츠를 통합적으로 제공하는 자연스러운 대화형 쇼핑 환경이 조성된다.

쇼핑 AI 비서와 연동된 플랫폼 생태계

AI 비서 기반 쇼핑 경험은 플랫폼 생태계의 확장과도 밀접히 연결된다. AI 비서는 단독으로 존재하지 않고, 쇼핑몰, 콘텐츠 플랫폼, 결제 시스템, 배송 솔루션과 유기적으로 연동되어야 한다. 실무자는 자사몰 또는 브랜드 플랫폼이 이러한 AI 비서와 연동 가능한 구조인지 점검하고, API 설계와 데이터 호환성을 확보해야 한다.

맞춤화와 프라이버시의 균형

AI 비서는 사용자의 음성 명령, 위치 정보, 구매 습관 등을 수집해 맞춤형 제안을 가능하게 한다. 그러나 이 과정에서 고객의 프라이버시 보호 문제가 제기된다. 실무자는 고객의 신뢰를 지키기 위한 전략을 수립해야 한다.

- 데이터 수집 시 투명한 고지 및 동의 절차
- AI 추천 로직의 설명 가능성 확보
- 고객 데이터 익명화 및 보안 조치 강화

브랜드 커뮤니케이션 채널로서의 AI 비서

AI 비서는 단순 구매 유도 장치가 아니라 브랜드 메시지를 전달하고, 고객과 관계를 형성하는 커뮤니케이션 채널로 발전하고 있다. 브랜드의 톤앤매너에 맞게 AI 비서의 음성, 어휘, 응답 방식을 설정할 수 있으며, 고객의 피드백을 수집하고 충성도를 높이는 데도 유효하다. 특히 반복 구매를 유도하는 리마인드 알림, 맞춤형 혜택 알림, 생일 축하 메시지 등의 기능은 개인화된 브랜디드 경험을 강화하는 요소가 된다.

실무자의 준비 과제

다음은 AI 비서 기반 쇼핑 환경에서 실무자가 준비해야 할 핵심 항목이다.
- AI 대화형 시나리오 설계(고객 질문 – 응답 흐름 정의)
- 브랜드 콘텐츠의 음성 변환 및 요약 콘텐츠화
- 쇼핑 연계 API 개발 및 연동 검토
- 데이터 기반 고객 프로파일링 시스템 구축
- 고객 신뢰 확보를 위한 AI 윤리 원칙 수립

AI 비서 기반 쇼핑 경험은 콘텐츠커머스의 종합적 진화 형태다. 실시간, 맞춤형, 대화형, 자동화라는 네 가지 키워드를 중심으로 고객의 쇼핑 방식이 변화하고 있으며, 이는 곧 브랜드와 고객 사이의 접점을 재정의하는 과정이다. 실무자는 기술의 진보를 수용하는 것에 그치지 않고, 고객 중심의 맥락을 이해하는 콘텐츠 전략과 데이터 설계 역량을 함께 갖추어야 한다. AI 비서는 더 이상 미래의 도구가 아니라, 지금 당장 콘텐츠커머스 실무자가 준비해야 할 핵심 파트너다.

디지털 휴먼과 가상 쇼호스트

AI 기술의 발달은 현실과 가상의 경계를 허물고 있으며, 콘텐츠커머스의 영역에서는 이를 대표하는 존재로 '디지털 휴먼'과 '가상 쇼호스트'가 부상하고 있다. 이들은 인간의 외형과 행동을 사실적으로 구현하면서도, 실제 인력을 대체하거나 보완하는 형태로 마케팅과 커머스에 투입되고 있다. 특히 실시간 인터랙션, 24시간 무제한 콘텐츠 제작 가능성, 비용 절감 등의 장점을 통해 브랜드 콘텐츠 전략의 핵심 자원으로 자리매김하고 있다.

디지털 휴먼의 정의와 활용 분야

디지털 휴먼은 인공지능 기반으로 구현된 가상의 인간형 캐릭터로, 고도화된 3D 모델링과 모션 캡처, 음성 합성 기술을 결합해 실제 인간과 거의 유사한 시각적·청각적 경험을 제공한다. 이들은 광고 모델, 브랜드 앰배서더, 고객 응대 아바타, SNS 인플루언서 등 다양한 콘텐츠커머스 접점에서 활용되고 있다.

대표적인 사례로는 한국의 루이, 로지, 일본의 이마, 미국의 릴 미켈라 등이 있으며, 이들은 인스타그램, 유튜브, 쇼핑 플랫폼 등에서 실제 인플루언서처럼 활동하며 팬덤을 구축하고 브랜드 메시지를 전달한다.

가상 쇼호스트의 개념과 장점

가상 쇼호스트는 라이브커머스, 홈쇼핑, 콘텐츠 영상 등에서 실제 쇼호스트의 역할을 대체하는 디지털 인물이다. 실시간 음성 인식, 표정 변화, 제스처 구현, 상품 소개 자동화 기능 등을 통해 인터랙티브한 쇼핑 경험을 구현하며, 다음의 장점이 있다.

- 인건비 절감 및 일정 제약 없는 운영 가능
- 스크립트 기반 자동 콘텐츠 제작
- 다국어 전환 및 글로벌 콘텐츠 확장 용이
- 데이터 기반 반응형 콘텐츠 구성 가능

실무자는 이들을 단순한 영상 내 등장 인물로 활용하기보다 소비자와의 감정적 연결을 유도하고 브랜드 아이덴티티를 대변하는 콘텐츠 중심 캐릭터로 기획할 필요가 있다.

디지털 휴먼의 제작 과정과 기술 요건

디지털 휴먼은 기술을 결합해 구현된다.
- 고해상도 3D 모델링(Unreal Engine, Unity 등)
- AI 기반 음성 합성(TTS)
- 자연어처리(NLP) 기반 대화 기능
- 얼굴 모션 캡처 및 제스처 애니메이션

실무자는 목적에 따라 실사형/애니메이션형 모델 중 하나를 선택하고 브랜드 스토리와 시각적 톤앤매너에 맞춰 커스터마이징된 디지털 휴먼을 설계해야 한다. AI 학습 데이터를 통해 콘텐츠 제작 자동화를 실현할 수 있으며 필요한 경우 외주 전문 제작사와 협업도 가능하다.

고객 반응과 신뢰 문제

디지털 휴먼과 가상 쇼호스트의 도입은 편의성과 생산성 측면에서 장점이 많지만, 소비자의 정서적 반응과 신뢰 형성 측면에서는 여전히 고민이 필요하며, 다음의 이슈가 존재한다.
- 실제 인물인지 여부에 대한 고지 미흡 시 거부감
- 비현실적인 외모 설정으로 인한 현실 괴리감
- 정체성·감정 공감 부족으로 인한 브랜드 연결성 약화

이에 따라 실무자는 고도의 전략이 필요하다.
- 캐릭터 설정 및 활동 이력의 투명한 고지

- 인간적 서사(스토리라인) 삽입을 통한 감정 이입 유도
- 실제 고객 인터뷰 콘텐츠와 결합해 신뢰 강화

디지털 휴먼 기반 콘텐츠커머스 전략

디지털 휴먼은 브랜드 중심의 콘텐츠를 넘어, 직접 커머스 퍼널의 일원으로 작동할 가능성이 높다. 디지털 쇼호스트가 상품을 소개하고, 실시간 고객 반응에 따라 대화를 유도하며, 구매 버튼까지 연결하는 통합 시스템이 구현된다. 이 과정에서 실무자가 준비할 사항은 다음과 같다.

- 디지털 휴먼의 콘텐츠 KPI 수립 및 퍼포먼스 트래킹 체계
- 가상 인플루언서 마케팅 전략 정립
- 실시간 반응형 콘텐츠 제작 기술 도입
- 기존 고객 서비스 조직과의 연계 프로세스 구축

디지털 휴먼과 가상 쇼호스트는 콘텐츠커머스의 미래를 대표하는 핵심 자산이다. 이들은 단순한 시청각 요소를 넘어, 브랜드의 감성·기술·전략을 통합하는 매개체로서 역할을 하게 될 것이다. 실무자는 이 기술을 단기적인 화제성 차원이 아닌, 장기적인 커뮤니케이션 및 마케팅 인프라로 바라보고 브랜드 아이덴티티에 기반한 지속적 활용 계획을 수립해야 한다.

실무자의 역할 변화와 성장 전략

AI 기술의 도입과 콘텐츠커머스의 고도화는 실무자의 역할을 근본적으로 재정의하고 있다. 단순한 콘텐츠 제작자나 마케터를 넘어, 전략적 설계자, 데이터 해석가, 기술 운영자, 고객 경험 디자이너로서의 복합적 역할이 요구되고 있으며, 이 변화는 실무자에게 도전인 동시에 성장의 기회를 제공한다. 앞으로의 실무자는 'AI와 함께 일하는 창의적 전략가'로 변화해야 하며, 이에 따른 성장 전략도 새롭게 마련되어야 한다.

기존 콘텐츠커머스 실무자는 콘텐츠 기획, 제작, 배포, 운영이라는 정형화된 업무 사이클에 집중했다. 하지만 AI의 도입으로 반복 업무는 자동화되고, 콘텐츠도 실시간으로 생성되고 최적화되는 구조로 변화하고 있다. 이러한 흐름 속에서 실무자는 '창의'와 '전략'이라는 고부가가치 영역에 집중해야 하며 반복 업무에 머물러서는 경쟁력을 유지하기 어렵다. 다음은 앞으로 실무자에게 요구되는 핵심 역할이다.

- 콘텐츠 큐레이터: AI가 생성한 수많은 콘텐츠 중 브랜드 철학과 맥락에 부합하는 콘텐츠를 선별하고 조정하는 역할
- 데이터 분석가: 고객 데이터, 콘텐츠 성과 지표를 해석해 콘텐츠 전략에 반영하는 데이터 리터러시 능력
- 기술 매개자: 마케팅 기술(Marketing Technology)과 협업 툴을 이해하고, 다양한 부서·외부 파트너와 연결하는 기술 커뮤니케이터
- 브랜드 스토리텔러: 콘텐츠가 브랜드의 서사와 정체성을 담아내도록 총괄하는 내러티브 설계자

이러한 변화에 대응하기 위해 실무자가 중점적으로 개발할 역량이다.

- AI 도구 사용 능력: 챗GPT(ChatGPT), 미드저니(Midjourney), 비오2(veo2), 노션AI(Notion AI) 등 생성형 도구의 활용 실습
- 데이터 시각화와 분석: 구글 애널리틱스(Google Analytics), 루커 스튜디오(Looker Studio), 퍼널 분석 도구 활용법 익히기
- 스크립팅 및 자동화 기초: 노코드(No-code) 툴과 간단한 파이썬/SQL(Structured Query Language) 기반 마케팅 자동화 이해
- 인터랙티브 콘텐츠 기획력: 라이브커머스, 챗봇, 쇼츠 등의 콘텐츠 흐름 설계 능력

실무자는 기존의 수직적 역할이 아닌, 프로젝트 기반의 수평적,

크로스 협업 구조에서 전문성을 발휘해야 한다. 이를 위해 커리어 경로 전략이 필요하다.

- 콘텐츠 전략 리더: 브랜드 톤앤매너, 채널 전략, 메시지 아키텍처(Architecture)를 총괄하는 콘텐츠 디렉터
- CX 콘텐츠 매니저: 고객 여정 전반의 콘텐츠 경험을 설계하고 분석하는 고객 중심 전문가
- 데이터 기반 마케터: AI 추천, 성과 분석, A/B 테스트 기반 콘텐츠 최적화를 주도하는 성과 중심 전문가

조직 차원에서도 실무자의 성장을 돕기 위한 학습 환경과 인프라를 마련해야 한다.

- 사내 AI 도구 실습 워크숍 및 러닝 세션 운영
- 타 부서와의 실험형 협업 프로젝트 지원
- 실무자 주도 콘텐츠 랩 조직 운영(자율 콘텐츠 실험 지원)
- 외부 교육 연계 및 교육비 지원 제도 마련

기술 중심 환경일수록 실무자의 역할은 인간 중심 관점을 회복하는 데 있다. 이를 위해 실무자는 기준점을 갖고 콘텐츠를 운영해야 한다.

- 콘텐츠가 사람의 문제를 해결하는 도구인지?
- 고객 경험을 증폭시키는 공감적 요소가 포함되어 있는지?
- 데이터와 기술이 브랜드 철학과 조화를 이루고 있는지?

콘텐츠커머스 실무자의 미래는 단순한 도구 사용자가 아닌, 창의와 전략, 기술을 연결하는 융합 전문가로의 진화에 달려 있다. AI는 실무자의 자리를 대체하는 것이 아니라, 실무자의 역할을 재정의한다. 실무자는 변화의 흐름을 두려워하기보다 주도적으로 학습하고 실험하며, 콘텐츠와 기술을 통해 사람 중심의 커머스를 구현하는 핵심 인재로 성장해야 한다.

콘텐츠 전략가, 데이터 기반 마케터로의 전환

콘텐츠커머스의 진화는 단순히 기술의 발전에 그치지 않고, 실무자의 직무 정체성과 전문성을 근본적으로 재구성하는 흐름으로 이어진다. 특히 데이터 중심 사고와 전략 설계 능력을 바탕으로 한 콘텐츠 전략가, 그리고 분석과 실험을 통해 퍼포먼스를 이끄는 데이터 기반 마케터로의 전환은 실무자가 마주할 다음 시대의 핵심 과제다. 이 전환은 기술의 숙련도를 넘어, 브랜드와 고객 사이의 관계를 재정의할 수 있는 사고의 전환과 역할의 재배치를 포함한다.

콘텐츠 전략가로의 전환

콘텐츠 전략가는 단순히 콘텐츠를 제작하거나 기획하는 차원을 넘어서, 브랜드의 전반적 커뮤니케이션 구조를 설계하는 역할을 수행한다. 이들은 콘텐츠의 목적, 톤앤매너, 유통 채널, 고객 경험 흐름을 통합적으로 이해하며, 고객이 접하는 모든 접점에서 일관된 브랜드 메시지를 구축하는 데 핵심적인 역할을 한다. 콘텐츠 전략가는 다음의 사고방식과 역량이 필요하다.

- 전체 콘텐츠 구조에 대한 설계력(콘텐츠 맵 작성)
- 고객 여정과 심리 흐름을 고려한 콘텐츠 플로우 설계
- 콘텐츠 유형별 목표(KPI)와 매칭되는 전략적 배분 감각
- 브랜드 정체성 유지와 캠페인 변동성 사이의 균형 감각

데이터 기반 마케터로의 전환

데이터 기반 마케터는 콘텐츠 퍼포먼스를 수치화하고, 이를 실험과 반복을 통해 최적화해 나가는 전략적 운영자다. AI 기반 분석 도구와 자동화 툴을 활용하여 고객 행동, 전환 성과, 콘텐츠 반응도를 실시간으로 추적하고, 캠페인 전략을 위한 능력을 갖추어야 한다.

- 성과 지표 정의 능력(전환율, ROAS, CAC 등)
- 실험 설계와 A/B 테스트 운영 능력
- 분석 도구 활용 능력(GA4, Meta Ads Manager, Looker 등)
- 콘텐츠 기여도 측정과 캠페인 리포트 작성 능력

두 역할의 공통 기반, '데이터 해석력'과 '콘텐츠 감각'

콘텐츠 전략가와 데이터 마케터는 다른 기능을 수행하지만, 모두 데이터 해석력과 콘텐츠 감각을 기반으로 한다. 즉, 수치 속에서 의

미를 읽고, 콘텐츠를 고객 관점에서 설계하는 통합 사고가 중요하다. 실무자는 이 두 가지를 균형 있게 발전시켜야 하며, 특히 다음의 역할이 필요하다.

- 분석 데이터를 인사이트로 전환하는 내러티브 구성 능력
- 콘텐츠 감정 흐름과 정량 지표 간의 상관 관계 이해
- KPI 중심 전략과 브랜디드 콘텐츠 방향성의 조율 능력

실무자 전환을 위한 실행 전략

실험 기반 콘텐츠 설계 훈련은 캠페인마다 명확한 가설 설정, 실행, 분석, 피드백의 사이클 설계가 필요하다. 전환 퍼널 설계 툴 학습은 고객 여정을 기반으로 콘텐츠-데이터-성과가 이어지는 흐름을 시각화하고 분석하는 능력을 강화해야 한다. 크로스 채널 전략 통합 감각을 위해 유튜브, 인스타그램, 네이버, D2C 몰 간의 역할과 KPI 차이를 인식하고 콘텐츠 최적화 방향 수립이 필요하다. 퍼포먼스 캠페인과 브랜디드 콘텐츠의 혼합 설계 경험을 축적해야 한다.

실무 조직 구조 내에서의 전환 경로 설계

기업은 실무자가 이 두 가지 방향(전략가, 분석가) 중 한 축을 선택하거나, 겸업할 수 있도록 다음과 같은 구조를 갖춰야 한다.

- 콘텐츠 전략팀 내 데이터 담당과 전략 담당의 분화
- 콘텐츠 랩(Creator Lab) 내 실험형 콘텐츠 기획 운영팀 신설

- 브랜디드 퍼포먼스 마케팅[06] 부서 신설(브랜드 + ROAS 동시 추구)
- 실무자 성장 경로를 전략직/분석직/융합형으로 구조화

AI 시대의 콘텐츠커머스 실무자는 더 이상 단일 역할의 수행자가 아니라, 전략과 데이터, 콘텐츠와 분석 사이를 넘나드는 융합형 인재로 성장해야 한다. 콘텐츠 전략가와 데이터 기반 마케터는 실무자의 전환 방향이자, 미래 조직의 핵심축이다. 이 두 가지 역할은 기술과 감성, 구조와 창의, 분석과 설득을 동시에 요구하며, 콘텐츠커머스를 브랜드 가치 중심의 기술 생태계로 이끄는 실무자의 비전을 완성시킨다.

---

06) 브랜디드 퍼포먼스 마케팅: 브랜드 이미지 전달과 성과 중심 캠페인(ROAS 등)을 동시에 고려하는 마케팅 방식

생존과 성장을 위한
리스킬링 로드맵

콘텐츠커머스 시장은 AI 기술과 고객 경험 중심 전략이 빠르게 진화하면서, 실무자에게 새로운 지식과 역량을 지속적으로 요구하고 있다. 단순히 최신 툴을 익히는 수준을 넘어 업무의 본질적 구조와 목적을 재해석하고 이에 적응해 나가는 학습이 필요하다. 실무자의 리스킬링은 생존을 위한 필수조건일 뿐 아니라, 커리어 성장과 업계 리더십 확보를 위한 전략이다.

리스킬링의 개념과 필요성

리스킬링은 기존 직무 영역을 벗어나 새로운 기술과 업무 방식에 적응할 수 있도록 역량을 재정비하는 과정을 뜻한다. 콘텐츠커머스 실무자에게 이는 단순한 직무 확장이 아닌, 콘텐츠 기획에서 전략 설계, 분석, 자동화 운영까지의 복합적 전환을 의미한다. 리스킬링을 위해서는 변화하는 환경을 주목해야 한다.

- 생성형 AI 도구의 일상화와 콘텐츠 제작 구조 변화
- 데이터 기반 마케팅 운영 체계의 확산
- 실시간 반응형 콘텐츠 운영 시스템 등장
- 소비자 주도 콘텐츠[07] 소비와 대화형 플랫폼의 확대

리스킬링을 위한 핵심 역량 지도

실무자는 다음 다섯 가지 영역에서 역량 강화를 추진해야 한다.

- 전략 사고력: 브랜드 가치와 콘텐츠 목표를 명확히 설정하고 이를 구체적 실현 방식으로 설계하는 능력
- 디지털 도구 활용 능력: AI 기반 콘텐츠 도구, 퍼포먼스 분석 툴, 자동화 솔루션 운용 능력
- 데이터 해석력: 콘텐츠 KPI 분석, 고객 여정 분석, 퍼널 리포트 해석 등 정량 기반 통찰 도출 능력
- 콘텐츠 감각: 플랫폼별 콘텐츠 문법 이해, 감성 전달력, 크리에이티브 구성 능력
- 협업 및 커뮤니케이션: 크로스펑셔널 팀과의 연계, 크리에이터/기술자/경영진과의 공동 목표 수립 능력

---

07) 소비자 주도 콘텐츠: 후기, 사용기, 언박싱 영상처럼 소비자가 자발적으로 제작한 콘텐츠. 신뢰도와 전환율 높음

단계별 리스킬링 로드맵

리스킬링은 일회성 교육이 아닌 지속적인 경로 설계가 필요하다.

- 1단계: 인식 단계 – 변화 감지, 진단 및 학습 계획 수립(자기 진단/업계 변화 리서치)
- 2단계: 습득 단계 – 핵심 역량별 실습 중심 교육 이수(온라인 강의, 프로젝트 베이스 학습)
- 3단계: 적용 단계 – 실제 업무에 배운 기술을 적용(캠페인 기획에 데이터 반영 등)
- 4단계: 확장 단계 – 타 부서/외부 협업을 통한 확장적 경험 축적 (마케팅 외 기술, 기획 부서 협업)
- 5단계: 리더십 단계 – 내부 지식 공유와 조직 내 학습 문화 주도 (내부 세미나, 콘텐츠 매니저 역할 수행)

실무자별 맞춤형 리스킬링 전략

- 콘텐츠 기획자 → AI 도구 활용 + 고객 여정 기반 콘텐츠 설계 역량 강화
- 마케터 → 퍼널 분석 + 데이터 기반 퍼포먼스 전략 훈련
- 디자이너/PD → 영상 자동화 도구 + 멀티모달 콘텐츠 활용 능력 학습
- 기획자/PM → 마케팅 자동화, 실시간 대응 시나리오 설계 훈련

조직 차원의 리스킬링 지원 방안
- 연간 교육 예산 편성 및 외부 전문가 초빙
- 사내 콘텐츠커머스 랩 운영(자율 프로젝트 실험 지원)
- 마이크로러닝 플랫폼 도입(5분짜리 기술 실습 콘텐츠 등)
- 실무자 역량 진단 도구 운영 및 정기 피드백 제공

콘텐츠커머스 시대에 실무자가 지속가능한 전문가로 성장하기 위해서는 리스킬링은 선택이 아닌 생존 전략이다. 전략, 기술, 감성, 분석, 협업이라는 다섯 개의 축을 균형 있게 발전시키는 것이 리스킬링의 핵심이다. 실무자는 매 순간 변화하는 기술 환경을 두려워하기보다 그것을 학습의 계기로 삼아야 하며 이를 통해 자신과 조직의 미래를 함께 설계하는 주체가 되어야 한다.

콘텐츠커머스의 미래는 기술과 사람의 공존이며, 실무자는 전략과 창의, 기술과 감성을 연결하는 융합형 전문가로 성장해야 한다.

핵심 영역	요약 내용
콘텐츠커머스의 미래	AI는 콘텐츠 제작, 유통, 상호작용 전반을 실시간 자동화하며, 콘텐츠는 초개인화 · 멀티모달화되어 진화함
실무자의 전략적 역할 변화	단순 제작자에서 벗어나 **전략 설계자, 데이터 해석가, 고객 경험 디자이너**로 전환 필요
디지털 휴먼과 AI 쇼호스트	가상 인물의 등장으로 24시간 콘텐츠 운영과 비용 절감 가능. 신뢰와 진정성 확보를 위한 감성 설계 병행 필요
AI 비서 기반 쇼핑 경험	AI 비서는 대화형 커머스를 통해 고객 여정 전반을 안내하며, 개인화된 브랜드 경험 강화
데이터 기반 마케팅과 전략가로의 전환	KPI 분석, A/B 테스트, 브랜디드 콘텐츠 전략 수립이 필수 역량. 감성과 수치를 통합한 사고 요구
실무자 리스킬링 로드맵	전략 사고력, 데이터 해석, 협업 능력 등 5대 역량 중심으로 단계별 자기 주도적 학습 필요. AI는 실무자를 대체하는 것이 아니라 **재정의함**

PART 6

콘텐츠커머스 실무 가이드

콘텐츠 제작 실무 체크리스트

콘텐츠커머스를 실질적으로 운영하려면 전략뿐 아니라 실행 과정 전반을 체계적으로 관리할 수 있는 실무적 점검이 필수적이다. 콘텐츠의 성패는 기획 단계에서의 방향 설정, 제작 과정의 세밀함, 그리고 배포 이후의 데이터 분석까지 전 주기에 걸쳐 철저한 준비와 관리가 이루어졌을 때 비로소 보장된다. 실무자는 반복 가능한 실행 프로세스를 시스템화하고, 그 과정에서 놓치기 쉬운 항목들을 체크리스트로 점검해야 한다.

콘텐츠 기획 단계 체크리스트

- 목적이 명확한가?(브랜딩, 전환, 구독 유도 등)
- 타깃 페르소나는 정의되어 있는가?
- 콘텐츠 유형은 적절한가?(영상, 이미지, 텍스트, 인터랙티브 등)

- 전달할 핵심 메시지가 1문장으로 정리되어 있는가?
- KPI는 수치화가 가능한가?(조회수, 클릭률, 전환율 등)
- 플랫폼별 최적화 요소는 반영되었는가?
- 캠페인성과와 단독성과를 구분하여 기획했는가?

콘텐츠 제작 준비 단계 체크리스트

- 제작 일정과 마감기한이 명확히 설정되었는가?
- 기획서 및 대본, 스토리보드가 완성되었는가?
- 필요한 리소스(인력, 장비, 장소, 소품 등)는 확보되었는가?
- 출연자(모델, 인플루언서, 크리에이터) 섭외가 완료되었는가?
- 저작권, 초상권 관련 문제가 검토되었는가?
- 브랜드 가이드(로고, 색상, 문체 등)는 일관되게 적용되었는가?
- 사전 테스트(조명, 사운드, 구성 요소 등)는 충분히 수행되었는가?

콘텐츠 제작 및 편집 단계 체크리스트

- 콘텐츠 구조는 몰입과 설득을 유도하는가?
- 도입부 3~5초에 후킹 요소가 포함되어 있는가?
- 브랜드 노출은 자연스럽게 삽입되었는가?
- 자막, 그래픽, 배경음악 등 시각 요소는 완성도 있는가?
- 자극적 표현이나 정보 누락은 없는가?
- 멀티 플랫폼 활용을 위한 사이즈, 해상도, 자막 포맷 등이 준비되었는가?

- 콘텐츠의 길이는 플랫폼별 최적화 기준을 충족하는가?

콘텐츠 업로드 및 배포 단계 체크리스트
- 업로드 시 제목, 해시태그, 설명문 등 메타정보는 최적화되었는가?
- CTA(Call to Action) 문구는 명확하게 포함되어 있는가?
- 플랫폼별 업로드 시간은 사용자 반응 시간대에 맞추었는가?
- 채널 간 연계 콘텐츠(예고편, 클립, 숏폼)는 제작되었는가?
- 광고 연계 콘텐츠는 운영 플랫폼과 매칭되어 있는가?

콘텐츠 성과 분석 및 리포트 단계 체크리스트
- KPI 기준 수치와 실제 성과를 비교했는가?
- 사용자 반응(댓글, 좋아요, 공유 등)의 정성 분석이 이루어졌는가?
- 시청률/이탈률/전환율 등의 데이터 분석이 수집되었는가?
- A/B 테스트 결과에 따라 개선 포인트를 도출했는가?
- 개선 사항이 다음 콘텐츠 기획에 반영되었는가?

위의 체크리스트는 단순히 점검용 도구가 아니라, 콘텐츠커머스를 반복 가능하고 예측 가능한 실행 프로세스로 만들기 위한 핵심이다. 실무자는 콘텐츠 제작의 감각과 창의성뿐 아니라, 정교한 운영 능력과 데이터 기반 개선 전략을 병행해야 하며, 이를 통해 단발성이 아닌 지속가능한 성과 구조를 구축할 수 있다.

콘텐츠 제작 실무 체크리스트는 브랜드의 콘텐츠 역량을 정량화하고, 콘텐츠커머스를 시스템화하는 첫걸음이다. 체크리스트는 모든 콘텐츠를 위한 '공통의 출발선'이며, 콘텐츠 전략이 현실화되는 순간을 정교하게 통제하는 장치가 된다. 실무자는 이를 통해 기획-제작-유통-분석의 전 과정을 구조화하여 콘텐츠 비즈니스의 성과를 안정적으로 확보해야 한다.

콘텐츠 유형별 기획/운영 포인트

콘텐츠커머스에서 사용하는 콘텐츠 유형은 매우 다양하며, 각각의 유형은 목적, 플랫폼, 타깃, 전달 방식에 따라 기획과 운영 방식이 달라진다. 실무자는 콘텐츠 유형별 특성을 명확히 이해하고, 이를 기반으로 효과적인 콘텐츠 운영 전략을 설계해야 한다. 본 장에서는 대표적인 콘텐츠 유형을 중심으로 실무자가 참고할 수 있는 구체적인 기획 및 운영 포인트를 제시한다.

브랜드 스토리 콘텐츠

브랜드의 철학, 역사, 비전 등을 콘텐츠로 풀어내는 브랜드 스토리 콘텐츠는 감성적 연결을 통해 소비자 충성도를 높이는 데 유용하다. 이 유형은 광고처럼 보이지 않으면서도 브랜드에 대한 신뢰를 쌓을 수 있으며, 기업 블로그, 유튜브 다큐멘터리, 인터뷰 영상 등 다양한 포맷으로 구현 가능하다.

- 포인트: 브랜드의 진정성과 사회적 가치 중심 메시지 강조
- 플랫폼: 유튜브, 블로그, 홈페이지 등 롱폼 콘텐츠 중심 채널
- 운영 전략: 캠페인과 연계해 시즌별 또는 테마별 시리즈화 가능

제품 정보 콘텐츠

제품의 기능, 특징, 사용법을 직접적으로 전달하는 콘텐츠로, 구매 전환을 유도하는 가장 기본적인 형태이다. 이미지, 텍스트, 영상, 비교 콘텐츠 등으로 다양하게 구현되며, 상품 상세 페이지, 리뷰, 제품 튜토리얼로 활용된다.

- 포인트: 객관성과 설득력 있는 데이터 제시, 시각적 명확성 강조
- 플랫폼: 마켓플레이스, 자사몰, 유튜브, 인스타그램 등
- 운영 전략: FAQ 반영, 유사 제품과의 비교 콘텐츠로 심화 운영

후기 및 UGC 콘텐츠

사용자가 자발적으로 제작한 리뷰, 언박싱, 후기 콘텐츠는 높은 신뢰도와 전환 효과를 가져온다. 실무자는 이를 수집·편집하여 브랜드 채널에 재활용하거나, 챌린지/공모전 형태로 적극적인 콘텐츠 생산을 유도할 수 있다.

- 포인트: 소비자 경험 중심, 진정성 강조, 해시태그 캠페인 병행
- 플랫폼: 틱톡, 인스타그램, 유튜브 쇼츠 등
- 운영 전략: 이벤트나 보상 시스템을 통한 UGC 유도

튜토리얼/노하우 콘텐츠

사용법, 꿀팁, 활용법 등을 중심으로 한 콘텐츠는 브랜드 전문성을 강화하며, 콘텐츠 가치가 높아 재방문과 공유를 유도한다. 특히 텍스트+이미지+영상이 결합된 멀티모달 콘텐츠가 효과적이다.

- 포인트: 실용성 강조, 고객의 문제 해결 중심 설계
- 플랫폼: 유튜브, 블로그, 인스타그램 릴스 등
- 운영 전략: 카테고리별, 레벨별 콘텐츠 시리즈화 추진

인터랙티브 콘텐츠

라이브 방송, 퀴즈, 투표, 설문 등 참여형 콘텐츠는 고객과의 실시간 연결을 가능하게 하며, 브랜드와의 관계를 강화하는 데 효과적이다. 라이브커머스, 라이브 Q&A, 챗봇 기반 콘텐츠가 해당된다.

- 포인트: 실시간 반응 기반 콘텐츠 흐름 설계, CTA 다중 삽입
- 플랫폼: 네이버 쇼핑라이브, 유튜브 라이브, 자사몰 연동 플랫폼
- 운영 전략: 이벤트와 연계해 긴박감 조성, 사전 예고 콘텐츠 병행

감성 브랜디드 콘텐츠

브랜드가 직접 제품을 강조하지 않으면서도 정체성과 메시지를 스토리텔링 방식으로 녹여낸 콘텐츠다. 소비자 감정에 호소하여 공유를 유도하는 데 효과적이다. 드라마 형식, 캠페인 영상, 감성 에세이형 카드뉴스 등으로 구현된다.

- 포인트: 인간적인 가치, 사회적 메시지 중심 구성

- 플랫폼: 유튜브, 인스타그램, 페이스북 등
- 운영 전략: 시즌, 이슈, 사회적 이벤트와의 연계

숏폼 콘텐츠

15~60초 이내의 짧은 영상 콘텐츠는 빠른 소비와 반복 노출을 통해 브랜드 인식을 강화한다. 틱톡, 릴스, 쇼츠 등이 대표적인 채널이며, 유머, 음악, 감성 등의 요소를 활용해 짧은 시간 안에 감정적 후킹을 시도한다.

- 포인트: 첫 3초에 강한 메시지 삽입, 시청 완성률 관리
- 플랫폼: 틱톡, 인스타그램 릴스, 유튜브 쇼츠 등
- 운영 전략: 트렌드 음악, 해시태그, 밈 연계 등

콘텐츠커머스의 실무는 콘텐츠 유형의 특성과 플랫폼 문법[01]을 정밀하게 분석하고, 이에 기반한 기획과 운영 전략을 수립하는 데 있다. 실무자는 콘텐츠의 목적과 맥락에 따라 적절한 유형을 선택하고, 각 유형에 맞는 **KPI**, 제작 방식, 유통 전략을 수립함으로써 브랜드 메시지를 효과적으로 전달하고 전환을 극내화할 수 있어야 한다.

---

01) 플랫폼 문법: 각 플랫폼이 요구하는 콘텐츠 형식, 알고리즘, 트렌드의 특성. 성공하려면 이에 맞춘 콘텐츠 제작이 필요

KPI 설계 및 성과 분석

콘텐츠커머스에서 KPI는 단순한 수치 관리의 도구가 아니라, 브랜드의 전략적 목표 달성 여부를 가늠하는 핵심 지표다. 실무자는 KPI를 캠페인이나 콘텐츠 단위로 설계하고, 이를 바탕으로 콘텐츠의 효과성, 채널별 기여도, 고객 반응의 질을 정밀하게 측정해야 한다. KPI는 콘텐츠 운영의 방향성을 설정하고, 실행의 정당성을 확보하며, 개선의 근거를 제공하는 전략적 도구다. 실무자는 캠페인을 설계할 때, 목표 설정에서 콘텐츠 구성, 채널 배분, 성과 측정까지 일관된 전략과 실행 계획을 기반으로 기획해야 한다. 동시에 실행 이후에는 정량·정성 데이터를 활용해 성과를 다각도로 분석하고, 이를 다음 캠페인 기획에 피드백해야 한다.

캠페인 기획의 핵심 구조

캠페인을 설계할 때 가장 먼저 고려해야 할 것은 '목표 설정'이다. 단순 노출 확대, 브랜드 인지도 강화, 구매 전환 유도 등 목적에 따라 캠페인의 메시지, 콘텐츠 유형, 배포 채널이 달라지기 때문이다. 실무자는 SMART 원칙(구체적 Specific, 측정 가능 Measurable, 달성 가능 Achievable, 관련성 Relevant, 기한 Time-bound)을 기반으로 캠페인 목표를 설정해야 한다.

다음은 타깃 세분화와 콘텐츠 톤앤매너 설계이다. 고객 세그먼트[02]에 따라 감성 중심 메시지를 넣거나, 정보 전달 중심 콘텐츠로 구성하는 등 콘텐츠의 톤과 방식이 달라져야 한다. 특히 광고성 콘텐츠가 아닌 '스토리 기반 설득 콘텐츠'가 효과적이다.

캠페인 콘텐츠 구성 전략

성공적인 콘텐츠 캠페인은 일반적으로 다음의 흐름을 따른다.

프리 론칭(티징 콘텐츠[03]) → 메인 론칭 콘텐츠 → 후기·인증 콘텐츠 → 리마케팅 콘텐츠

실무자는 각 단계에서의 KPI를 설정하고, 콘텐츠 유형을 적절히 배치해야 한다.

---

02) 고객 세그먼트: 고객을 비슷한 특성과 요구를 가진 그룹으로 나누는 것
03) 티징 콘텐츠: 정식 론칭일 전에 올리는 sns 콘텐츠

예를 들어, 프리 론칭 단계에서는 숏폼 영상, 카드뉴스, 티저 이미지 등을 활용해 기대감을 조성하고, 메인 론칭 단계에서는 제품 소개 영상, 브랜디드 콘텐츠, 라이브커머스를 활용해 몰입을 유도한다. 이후 고객 후기 콘텐츠와 SNS 공유 이벤트 등으로 확산을 유도하고, 마지막으로 행동을 취하지 않은 고객군을 대상으로 맞춤형 리마케팅 콘텐츠를 집행한다.

채널 전략과 스케줄링

콘텐츠캠페인은 멀티채널 전략을 전제로 한다. 브랜드의 공식 채널(자사몰, 블로그, 뉴스레터)과 유통 채널(네이버 쇼핑라이브, 쿠팡, 유튜브), 확산 채널(SNS, 커뮤니티, 인플루언서 등)을 목적에 따라 배분하고, 콘텐츠 유형과 메시지를 채널에 맞춰 조정해야 한다.

또한 콘텐츠 업로드 스케줄은 고객의 행동 패턴과 채널별 피크 시간을 고려해 설정해야 하며, 실시간성과 긴박감이 중요한 캠페인의 경우 사전 예고, D-day 콘텐츠, 이벤트 마감 카운트다운 등을 배치해 캠페인의 흐름을 촘촘하게 구성해야 한다.

성과 분석 지표 구성

캠페인 성과 분석은 단순히 조회수나 클릭률을 측정하는 수준에서 벗어나, 콘텐츠의 기여도를 다각도로 분석하는 방식이어야 한다. 실무자는 다음과 같은 주요 지표를 활용할 수 있다.

- 도달률: 콘텐츠가 노출된 사용자 수
- 클릭률(CTR): CTA 클릭 비율
- 전환율(CVR): 구매, 구독, 다운로드 등 주요 행동 수행률
- 체류 시간 및 시청 완료율: 콘텐츠 몰입도 측정 지표
- 공유 수 및 댓글 수: 소비자 반응 및 확산력 분석
- 리마케팅 반응률: 캠페인 이후 반복 행동 여부 측정

정성 분석과 인사이트 도출

정량 분석 외에도 실무자는 댓글, 피드백, 해시태그 사용, SNS 공유 문구 등을 분석해 소비자의 감정 반응과 콘텐츠에 대한 인식을 파악해야 한다. 감성 분석 툴을 활용하거나, NPS(Net Promoter Score)를 통해 브랜드 충성도에 대한 정성적 평가도 함께 수행해야 한다.

리포팅 및 다음 캠페인 피드백

캠페인이 종료된 이후에는 전체 성과를 정리하고, 무엇이 효과적이었는지, 어떤 요소가 이탈을 유도했는지를 체계적으로 정리해야 한다. 캠페인 리포트는 기획안 대비 성과 비교, 각 콘텐츠별 성과 비교, 채널별 반응 차이, 예상 외 성과/실패 요인 등을 포함해야 한다. 이러한 분석을 통해 다음 캠페인의 전략 방향과 콘텐츠 설계를 개선할 수 있다.

콘텐츠커머스 캠페인은 단순 콘텐츠 게시가 아니라, 전략적으로 설계된 고객 여정이며, 그 성패는 사전 기획과 사후 분석의 정밀도에 달려 있다. 실무자는 캠페인을 하나의 유기적 시스템으로 설계하고, 콘텐츠-채널-데이터가 연결되는 구조를 만들어야 하며, 이를 통해 반복 가능한 성공 모델을 구축할 수 있어야 한다.

단어 체크 ✓

- 데이터 드리븐 마케팅(Data-driven Marketing): 고객 행동과 데이터를 기반으로 전략을 수립하고 성과를 분석하는 마케팅 방식
- 퍼스트파티 데이터(1st-party data): 자사 플랫폼에서 직접 수집한 고객 데이터 (예 회원 정보, 구매 기록, 웹사이트 이용 패턴 등)
- 제로파티 데이터(0-party data): 사용자가 자발적으로 제공하는 선호도, 관심사, 니즈 등 데이터(예 설문 응답, 맞춤형 옵션 선택 등)

콘텐츠 커머스 마케팅 팀 조직 운영

콘텐츠커머스의 성공은 전략적인 콘텐츠 설계뿐 아니라 이를 실행에 옮길 조직의 체계성과 민첩성에 달려 있다. 콘텐츠를 중심으로 한 마케팅 캠페인을 효과적으로 기획하고 운영하려면, 그에 특화된 팀 구성과 명확한 역할 분장이 선행되어야 하며, 팀원 간 유기적 협업 시스템을 통해 시너지를 극대화할 수 있어야 한다.

콘텐츠커머스 팀의 핵심 구성 요소

콘텐츠커머스를 담당하는 조직은 크게 다섯 가지 기능 단위로 나뉜다.

- 1단계: 전략 및 기획
- 2단계: 콘텐츠 제작
- 3단계: 채널 운영 및 유통

- 4단계: 데이터 분석 및 성과 관리
- 5단계: 고객 경험 및 커뮤니티 운영

이 각각의 기능은 전문성과 연계성이 모두 요구되며, 실무자는 프로젝트 단위에서 기능 중심 조직 혹은 애자일 스쿼드(Agile Squad) 형태의 팀 빌딩 방식을 수행하는 데 있어, 각각의 책임 있는 역할이 중요하다.

주요 역할과 책임 정의

- 콘텐츠 전략 담당자(콘텐츠 디렉터): 브랜드 톤앤매너를 일관되게 설계하고, 캠페인 목적에 맞는 콘텐츠 방향성을 기획한다. 전체 캠페인의 메시지를 통합하고, KPI에 따른 콘텐츠 유형을 결정한다.
- 콘텐츠 제작자(에디터, PD, 디자이너 등): 콘텐츠 유형별로 기획안에 맞춰 영상을 제작하거나 카드뉴스를 디자인하며, 크리에이터 혹은 외주 파트너와의 협업을 조율한다.
- 마케팅/채널 운영자: 콘텐츠가 업로드될 플랫폼의 특성과 사용자 반응을 분석하여 최적의 배포 일정을 수립하고, 채널별 특화된 콘텐츠 형태로 운영한다. SNS 광고, 쇼핑 라이브 연계 등의 업무도 포함된다.
- 데이터 분석가: 콘텐츠의 성과를 측정하고, 유입/전환 데이터를 기반으로 리포트를 생성한다. 캠페인 운영 중간 피드백을 통해

콘텐츠 방향을 조정하는 역할도 맡는다.
- 고객 경험 매니저(CX 매니저): 콘텐츠를 통해 유입된 고객들의 반응, 불만, 충성도 등을 수집하고, 이를 다시 콘텐츠 개선으로 반영시킨다. 커뮤니티 운영 및 후기 콘텐츠 활성화 역할도 주어진다.

협업 및 의사결정 구조

효율적인 콘텐츠커머스 운영을 위해서는 기능 중심 조직 간 경계를 허물고, 캠페인 단위의 협업 구조를 갖춰야 한다. 이를 위해 다음과 같은 방식을 도입할 수 있다.
- 주간 콘텐츠 운영 회의: 전 부서 참여
- KPI 기반 공동 성과 목표 설정
- 협업 도구(노션 Notion, 슬랙 Slack, 트렐로 Trello 등)로 프로젝트 가시화
- 데이터 기반 의사결정 및 실시간 피드백 문화 조성

외부 자원과의 연계 활용

내부 팀의 인력만으로는 모든 콘텐츠를 제작하기 어렵기 때문에, 외부 영상 제작사, 프리랜서 디자이너, 인플루언서, 플랫폼 전문가와의 협업 구조를 체계적으로 갖춰야 한다. 실무자는 외부 파트너 선정 기준을 명확히 하고, 콘텐츠 품질 가이드라인을 공유하며, 계약서 내 KPI 기반 평가 항목을 포함시켜야 한다.

콘텐츠 커머스 전담 조직의 성숙 모델

조직의 성숙도는 4가지 단계별로 구분된다.
- 1단계: 기능별 분산 운영(브랜드팀, 광고팀, CRM팀이 따로 운영)
- 2단계: 프로젝트형 협업 구조(캠페인 단위 크로스 협업)
- 3단계: 콘텐츠 퍼스트 조직 전환(모든 마케팅이 콘텐츠 기반으로 통합)
- 4단계: 데이터 기반 콘텐츠 자동화 운영(AI 분석, 실시간 퍼포먼스 조정)

실무자는 조직의 현재 단계와 목표 수준을 점검하고, 이를 기반으로 인력, 예산, 도구, 워크플로우를 재정비해야 한다. 콘텐츠커머스 조직 운영은 단순한 팀 편성이 아닌, 전략과 실행을 연결하는 유기적 구조 설계다. 실무자는 콘텐츠 중심으로 조직을 재구성하고, 각 기능 간 협업을 제도화함으로써 민첩하게 시장 변화에 대응할 수 있는 콘텐츠 드리븐(Driven) 조직 문화를 형성해야 한다.

실무자, 크리에이터, 기술팀 협업 구조

콘텐츠커머스는 더 이상 일방향적 마케팅 활동이 아니다. 기획, 제작, 기술, 고객 운영이 긴밀하게 얽혀 있는 복합적 구조로 이루어지며, 실무자, 크리에이터, 기술팀 간의 유기적인 협업이 핵심 동력으로 작용한다. 각각의 팀은 고유한 전문성을 바탕으로 콘텐츠의 기획-제작-배포-분석이라는 전체 사이클에 관여하며, 이들이 어떻게 협력하는지에 따라 프로젝트의 성공 여부가 결정된다.

실무자(기획자, 마케터)의 역할과 협업 포인트

실무자는 콘텐츠커머스의 전략과 방향을 설정하고, 프로젝트 전체의 운영을 총괄한다. 이들은 소비자 인사이트를 분석하고 브랜드 목표에 따라 캠페인 콘셉트를 설정하며, KPI를 수립하고 예산과 인력을 조율하는 총괄 매니저 역할을 수행한다.

협업에서 실무자는 크리에이터에게는 콘텐츠 방향성과 메시지 톤을 전달하고, 기술팀에게는 필요한 기능 명세나 트래킹 조건, 데이터 연동 사항을 명확히 설명해야 한다. 핵심은 '비전과 실행 사이의 언어'를 연결하는 커뮤니케이터 역할이다.

크리에이터의 역할과 협업 포인트

크리에이터는 브랜드의 콘텐츠를 제작하는 핵심 파트너다. 영상 제작자, 디자이너, 카피라이터, 인플루언서 등 다양한 형태의 크리에이터가 있으며, 그들은 소비자의 시선을 끌고 감정을 움직이는 스토리텔링과 비주얼 연출에 강점을 가진다.

실무자는 이들에게 브랜드 가이드라인, 콘텐츠 목적, 전달해야 할 정보 리스트를 구체적으로 제공해야 하며, 지나치게 창작의 자유를 제한하지 않으면서도 결과물의 일관성을 확보할 수 있는 피드백 구조를 마련해야 한다. 대표적으로 '콘셉트 시안 → 중간 리뷰 → 최종 리뷰' 3단계 구조가 효과적이다.

또한 인플루언서나 파트너 크리에이터와의 협업 시에는 **KPI** 기반 계약, 콘텐츠 유통 범위, 후속 활용 조건 등을 명확히 조율하여 파트너십의 지속 가능성을 확보해야 한다.

기술팀(개발자, 데이터 분석가)의 역할과 협업 포인트

기술팀은 콘텐츠의 기능 구현, 데이터 수집, 자동화 툴 연동 등을 담당한다. 콘텐츠가 단지 보기 좋게 제작되는 것을 넘어, 실제 구매로 이어지는 전환 구조를 구축하려면 기술적 뒷받침이 필수적이다.

실무자는 기술팀과 협력하여 다음과 같은 과업을 수행한다.

- UTM 코드 삽입, 트래킹 픽셀 설정
- 콘텐츠별 전환율 분석을 위한 대시보드 설계
- CMS(콘텐츠 관리 시스템)와 커머스 플랫폼 간 연동
- AI 기반 콘텐츠 추천 기능 개발
- 챗봇, 검색 기능 등 인터페이스 개선

기술팀과의 협업에서는 마케터가 기술 요구사항을 비즈니스 언어로 명확히 정의하고, 프로젝트 일정과 기술 리소스를 조율하는 PM(Project Manager)의 역할도 병행해야 한다.

협업 구조를 위한 운영 시스템

- 공동 브리프 작성 시스템: 콘텐츠 콘셉트, 목표, 일정, 담당자, 체크리스트를 하나의 문서에 통합 관리한다.
- 실시간 협업 도구 활용: Notion, Slack, Figma, Trello 등을 사용해 역할별 업무 가시성과 피드백 속도를 높인다.
- 피드백 체계화: 감정적 피드백이 아닌, 기준 기반 피드백 문화 형성(브랜드 가이드, CTA 정합성, 시청 시간 분석 등)
- 정기 리뷰 회의: 콘텐츠 퍼포먼스를 기반으로 팀 간 교차 피드백을 공유하며, 개선안을 공동 설계한다.

협업에서 자주 발생하는 문제와 해결 방안

- 비전 불일치: 초기 브리핑에서 목적, KPI, 브랜드 가치에 대한 충분한 공유가 필요하다.
- 일정 지연: 각 파트별 마감 시점을 서로 공유하고, 상호 의존 관계에 따른 일정 차질을 예측 가능하게 만든다.
- 성과 측정의 불일치: 콘텐츠 제작자와 기술팀이 동일한 KPI(전환율, 클릭률 등)를 공유하고, 기획자가 이를 기준으로 통합 분석한다.

콘텐츠커머스는 단일 부서가 수행할 수 있는 업무가 아니다. 실무자, 크리에이터, 기술팀은 콘텐츠의 방향성과 창의성, 기능성과 분석력을 통합적으로 구축하는 동반자다. 실무자는 이들의 협업이 단절되지 않도록 브릿지 역할을 수행하며, 각자의 언어와 속도를 이해하고 조율함으로써 콘텐츠커머스의 복잡한 구조를 유기적 성과로 전환시켜야 한다.

프로젝트별 운영 템플릿 예시

　콘텐츠커머스 프로젝트를 체계적으로 실행하기 위해서는 각 단계별 업무를 표준화하고 반복 가능한 형태로 정리한 운영 템플릿이 필요하다. 이러한 템플릿은 프로젝트 기획, 실행, 피드백까지의 전 과정을 일관된 흐름으로 관리할 수 있게 하며, 협업 효율성과 결과물의 일관성을 동시에 확보하는 데 기여한다. 실무자는 각 업무 목적에 따라 맞춤화된 템플릿을 구비하고 이를 팀 전체가 공통 언어로 활용할 수 있도록 정착시켜야 한다. 다음 예시는 템플릿 구성 시 꼭 필요한 사항의 목록이다.

콘텐츠 기획 템플릿

1. 프로젝트 명
2. 캠페인 목적(브랜딩/전환/이벤트 등)
3. 타깃 세그먼트
4. 핵심 메시지
5. 콘텐츠 유형(영상/이미지/카드뉴스/UGC 등)
6. 메인 CTA(Call to Action)
7. 플랫폼/채널
8. 예산
9. 실행 일정
10. KPI 지표 및 수치 목표

콘텐츠 제작 진행표(프로덕션플로우)

항목	담당자	시작일	마감일	상태	비고
콘텐츠 기획안[04] 작성	기획팀			진행 중	
스토리보드/스크립트	제작팀			대기	
촬영/디자인	제작팀			예정	
1차 시안 리뷰	마케팅팀			예정	
수정 및 확정	제작팀				
업로드 및 배포	채널운영팀				

---

04) 콘텐츠 기획안: 콘텐츠 제작 전 목표, 타깃, 메시지, 형식, 일정 등을 정리한 계획서

캠페인 실행/운영 템플릿

1. 캠페인 명
2. 기간
3. 일별 콘텐츠 업로드 계획
4. 예고 콘텐츠 포함 여부
5. 라이브커머스 일정(해당 시)
6. 광고 운영 채널 및 예산 배정
7. 오가닉 vs 유료 콘텐츠 분배 비율
8. 고객 응대 프로세스

성과 분석 리포트 템플릿

1. 캠페인 명
2. 총 콘텐츠 수
3. 콘텐츠별 도달 수/조회 수/클릭률/전환율
4. 채널별 반응 비교
5. 예산 대비 ROAS(광고수익률)
6. 핵심 인사이트 요약
7. 개선사항 및 다음 캠페인 제안

콘텐츠 품질 체크리스트(QA 시트)

1. 핵심 메시지 명확성
2. CTA 삽입 여부
3. 브랜드 가이드라인 일치 여부(색상, 폰트, 로고 등)
4. 썸네일/표지 이미지의 시각적 완성도
5. 자막/내레이션 정확성 및 맞춤법
6. 모바일/PC 최적화 여부
7. 채널별 업로드 규격 부합 여부

회의/피드백 기록 템플릿

1. 회의 날짜
2. 참석자
3. 주요 논의 내용
4. 결정 사항
5. 액션 아이템(실행자/기한)

외부 파트너 협업 시 제안요청서(RFP) 기본 양식

1. 프로젝트 개요
2. 필요 콘텐츠 유형
3. 제작 범위 및 요구사항
4. 제공 예정 자료
5. 납기 일정
6. 평가 기준
7. 예산 범위

템플릿의 필수 항목은 단순한 형식의 문제가 아니라, 실무의 정확성과 생산성을 결정짓는 도구다. 특히 다양한 역할자 간 협업이 이루어지는 콘텐츠커머스 환경에서는 정보의 누락이나 일정 혼선, 메시지 불일치 등이 성과 저해 요인이 되기 쉽기 때문에, 사전 설계된 템플릿 기반의 관리 체계는 프로젝트 성공의 필수 요건이다.

실무자는 각 콘텐츠커머스 프로젝트에 맞는 운영 템플릿을 사전에 준비하고, 이를 일관되게 적용함으로써 반복 가능하고 정교한 콘텐츠 운영 체계를 구축해야 한다. 이는 단순한 편의성이 아니라 콘텐츠 비즈니스의 성과를 시스템화하는 전략적 방식이다.

AI 도입을 위한 조직 변화 전략

콘텐츠커머스 환경에 인공지능(AI)을 본격적으로 도입하기 위해서는 단순히 도구나 솔루션을 구입하는 수준을 넘어, 조직의 구조와 업무 방식 전반에 대한 체계적인 변화 전략이 요구된다. AI는 콘텐츠 자동 생성, 고객 행동 분석, 퍼포먼스 예측 등 다양한 영역에서 강력한 생산성과 정밀도를 제공하지만, 이를 효과적으로 활용하려면 실무자들의 역할 재정립, 조직 내 협업 방식의 전환, 데이터 중심 의사결정 문화가 병행되어야 한다.

AI 도입의 전제 조건, 조직의 디지털 성숙도 진단

AI는 단순 반복 업무의 대체 수단이 아니라, 콘텐츠 비즈니스의 패러다임을 바꾸는 기술이다. 따라서 AI 도입에 앞서 조직이 디지털 기반의 운영 역량을 갖추었는지를 먼저 진단하고 주요 항목을 점검해야 한다.
- 콘텐츠 및 마케팅 프로세스의 디지털화 수준
- 고객 데이터 수집 및 정제 체계
- 데이터 분석과 활용 인프라
- 자동화 도구의 사용 경험 여부

디지털 성숙도를 기준으로 조직의 변화 수준과 AI 적용 가능 범위를 설정해야 하며, 이를 통해 기대 효과와 현실적인 도입 범위를 분명히 구분할 수 있다.

조직 구조의 유연화와 기능 재설계

AI 도입은 기존 조직의 직무 체계에 변화를 요구한다. 예를 들어, 반복적 콘텐츠 편집 작업을 자동화 툴이 대신하게 될 경우, 해당 실무자는 단순 제작자가 아니라 큐레이터이자 전략 설계자로 전환되어야 한다.

콘텐츠 전략팀은 AI로부터 생성된 인사이트를 해석하고, 실제 캠페인에 적용할 수 있는 '콘텐츠 기획 설계자'로서의 역량을 강화해야 한다. 기술팀은 단순 유지보수에서 벗어나 마케팅 툴의 AI 연동과 사용자 행태 기반 피드백 시스템을 설계하는 역할을 수행하게 된다.

협업 방식의 변화, 사람-AI 협업 구조 구축

AI는 인간을 대체하기보다는 보완하는 도구로 활용되어야 한다.

실무자는 AI가 반복적, 분석 중심 업무를 담당할 수 있도록 설계하고, 인간은 창의와 전략 중심 업무에 집중하도록 구조화해야 한다.

예를 들어, 콘텐츠 기획 과정에서는 AI가 트렌드 분석과 키워드 제안, 유사 콘텐츠 사례를 제시하고, 실무자가 이를 바탕으로 메시지를 조율하고 실행 전략을 구상하는 형태가 효과적이다. Notion AI, ChatGPT, Copy.ai 등과 API 기반 자동화 연동을 적극 활용해야 한다.

교육 및 인식 전환 프로그램의 필요성

AI 도입의 가장 큰 장벽은 기술이 아니라 사람이다. 실무자들이 AI를 위협이 아닌 도구로 인식하고, 이를 적극적으로 수용할 수 있도록 조직 차원의 학습 프로그램이 필요하다.

- 생성형 AI 활용법 실무 교육
- 콘텐츠 자동화 도구 실습 워크숍
- AI 기반 마케팅 캠페인 사례 분석 세션
- 부서 간 공동 실험 프로젝트 운영

AI 전담 조직 혹은 CoE(Center of Excellence) 구축

조직 내에서 AI 도입을 체계적으로 추진하려면 기술과 비즈니스를 잇는 전담 부서가 필요하다. 이는 전사적 AI 로드맵을 수립하고, 각 부서의 도입 필요와 현황을 조율하며, 시범 프로젝트(Pilot)를 통한 단계적 확산을 관리하는 역할을 한다.

이 조직은 마케팅, 콘텐츠, 기술, 데이터 분석 담당자가 협업하는 형태로 구성되며, 실험과 학습을 반복하면서 조직 전반의 AI 활용 역량을 축적해 나간다.

AI 기반 성과 측정과 피드백 루프 운영

AI 기반 콘텐츠 운영은 데이터 중심 문화 없이는 무의미하다. 실무자는 캠페인과 콘텐츠에 대한 정량적 성과 데이터를 AI가 자동 수집·분석할 수 있도록 시스템을 설계하고, 해당 결과를 다음 캠페인 기획에 바로 반영하는 '피드백 루프(Feedback Loop)'를 운영해야 한다.

예컨대, 클릭률이 높은 콘텐츠 유형, 이탈률이 낮은 CTA 문구, 전환율이 높은 타이밍 등은 AI가 실시간으로 분석하고, 실무자는 이를 기준으로 콘텐츠 유형을 조정하거나 업로드 시점을 변경할 수 있다.

AI 도입은 단순한 기술 채택이 아니라, 조직의 전략, 구조, 문화, 태도 전반에 걸친 변화를 요구한다. 실무자는 'AI와 함께 일하는 조직'을 설계하고, 이를 통해 창의성과 효율성을 동시에 추구해야 한다. 콘텐츠커머스 조직은 이제 AI를 도입할 준비가 되었는가? 답은 기술이 아니라 조직의 변화 의지에 달려 있다.

AI 도입 단계별 체크포인트

AI 기반 콘텐츠커머스를 효과적으로 도입하고 확산시키기 위해서는 단발성 기술 도입이 아닌, 단계적이고 점진적인 전환 전략이 필요하다. 각 단계에서는 특정한 조직 역량과 인프라가 요구되며, 이를 체계적으로 점검하는 체크포인트가 함께 마련되어야 한다. 실무자는 조직의 현재 위치를 객관적으로 진단하고, 다음 단계로의 전환을 위한 구체적 실행 항목을 중심으로 로드맵을 수립해야 한다.

1단계: 탐색기 - AI 가능성 인식 및 관심 형성

이 단계에서는 조직 구성원 전반이 AI에 대한 기본 개념과 활용 사례에 익숙해지는 것이 목적이다. 아직 실제 도입은 이루어지지 않았으며, 도입 필요성과 방향성을 논의하는 시점이다.

> **체크포인트**
> - AI 기술 동향 및 콘텐츠커머스 적용 사례 조사
> - 경영진 및 실무진 대상 AI 세미나/워크숍 참여
> - 타사/경쟁사 벤치마킹 보고서 정리
> - 내부 TF팀 구성 여부 검토

2단계: 시범기 - 소규모 실험 프로젝트 도입

AI 기술의 효과를 체험하고 조직에 맞는 활용 모델을 탐색하는 단계다. 시범 콘텐츠나 소규모 캠페인에 AI를 적용해 실효성을 검증하고 내부 공감대를 형성한다.

> **체크포인트**
> - 콘텐츠 제작 자동화 툴 시범 사용(Copy.ai, Synthesia 등)
> - 추천 시스템, 분석 툴의 무료 버전 활용 테스트
> - 결과 리포트 공유 및 부서별 피드백 수렴
> - 데이터 수집 및 관리 체계 파일럿 구축

3단계: 통합기 - 업무 프로세스 내 AI 연동 확대

AI를 실무 전반에 본격 통합하고, 마케팅 및 콘텐츠 제작의 핵심 도구로 활용하는 단계다. 내부 시스템과의 연계가 강화되며, 부서 간 협업이 고도화된다.

> **체크포인트**
> - 콘텐츠 KPI 자동 분석 대시보드 설계 및 운영
> - CRM, 마케팅 자동화 툴과 AI 연동(HubSpot, Salesforce 등)
> - 콘텐츠 큐레이션 자동화 로직 개발
> - 정기적 AI 활용 리포트 작성 및 조직 내 공유

4단계: 최적화기 – AI 기반 의사결정 및 전략 체계화

AI가 조직의 전략 수립과 콘텐츠 운영 방향 설정에 실질적인 영향력을 행사하는 단계다. 사람-AI 협업 구조가 정착되며, AI는 전략 설계의 기반 데이터 제공자로 작동한다.

> **체크포인트**
> - 콘텐츠 유형/채널별 성과 예측 AI 모델 구축
> - 콘텐츠 스케줄링 및 배포 타이밍 자동화 적용
> - 실시간 퍼포먼스 기반 콘텐츠 수정 프로토콜 마련
> - 조직 KPI의 일부를 AI 성과 지표로 전환(자동 추천 전환율 등)

5단계: 혁신기 – AI 중심 콘텐츠커머스 조직 운영

AI가 단순한 도구를 넘어 조직 구조, 전략, 문화를 주도하는 수준까지 발전한 단계다. 콘텐츠커머스의 각 요소가 AI 기반으로 설계되고, 데이터에 의해 지속적으로 학습되고 개선된다.

> **체크포인트**
> - 조직 내 AI CoE(Center of Excellence) 정식 출범
> - 생성형 AI 기반 콘텐츠 전략 주도(브랜드 내 편집실 AI화 등)
> - 리스크 관리 및 윤리 가이드라인 수립
> - 외부 AI 솔루션 도입과 자체 개발 병행 체계 구축

AI는 하루아침에 전환되는 기술이 아니며, 단계별 준비와 실험, 점검이 병행되어야 한다. 실무자는 이 5단계 모델을 기준으로 자사 조직이 어디에 위치해 있는지 판단하고, 다음 단계로 나아가기 위한 체크리스트를 점검하며 체계적으로 전환을 추진해야 한다. 기술보다 중요한 것은 조직이 스스로 변화하고자 하는 능력이며, 체크포인트는 그 여정의 나침반이 된다.

> **단어 체크** ✓
> - CDP(Customer Data Platform): 다양한 채널에서 수집한 고객 데이터를 통합·분석하는 마케팅 플랫폼
> - 콘텐츠 트래킹(Content Tracking): 콘텐츠가 어느 채널에서, 누구에게, 어떻게 소비되는지를 추적하고 분석하는 기술
> - 콘텐츠 스코어링: 콘텐츠를 다양한 지표(조회수, 반응도, 전환률 등)로 점수화해 우선순위를 정하는 방식
> - AI 캠페인 자동화: 콘텐츠 추천, 메시지 발송, 시청자 행동 분석 등 마케팅 전반을 AI가 자동으로 운영하는 기능

윤리적 이슈와 데이터 관리

AI 기반 콘텐츠커머스가 본격화되면서, 기술의 확산과 함께 윤리적 문제와 데이터 관리의 중요성이 더욱 강조되고 있다. 생성형 AI, 추천 알고리즘, 자동화된 퍼포먼스 분석 시스템 등은 콘텐츠 생산과 유통의 효율성을 비약적으로 높였지만, 그만큼 개인정보 보호, 알고리즘 편향, 저작권 침해, 소비자 기만 등의 윤리적 리스크도 증대되고 있다. 실무자는 콘텐츠커머스를 추진함에 있어 기술의 편의성뿐 아니라, 그로 인해 발생할 수 있는 사회적 영향과 책임을 동시에 고려해야 한다.

개인정보 보호와 데이터 윤리

콘텐츠커머스는 고객 데이터를 기반으로 개인화된 콘텐츠를 제공하고 구매 전환을 유도하는 구조다. 이 과정에서 수집되는 데이터는 클릭 로그, 구매 이력, 시청 패턴, 위치 정보, 장바구니 행동 등 광범위하며 민감한 정보일 수 있다. 실무자는 데이터의 수집, 저장, 활용, 파기 전 과정에서 관련 법률(GDPR, 개인정보보호법 등)을 철저히 준수해야 한다.

- 개인정보 수집 시 명확한 동의 절차 마련
- 목적 외 사용 금지 원칙 준수
- 제3자 제공 시 고지 및 재동의 절차 확보
- 데이터 보안 체계 및 암호화 조치 실시

생성형 AI와 저작권 문제

AI가 이미지, 영상, 카피 문구 등을 자동 생성하는 과정에서 기존 저작물의 학습 결과를 기반으로 새로운 결과물을 만들어내기 때문에, 창작물의 저작권 침해 가능성이 존재한다. 특히 원본 저작물의 출처가 불명확하거나, 데이터셋이 공개되지 않은 경우 책임소재가 모호해질 수 있다. 이에 따라 몇가지 유의사항을 사전에 인지해야 한다.

- AI 생성 콘텐츠는 반드시 내부 검수 절차를 거치기
- 저작권이 명시된 데이터셋 외 학습 결과물은 상업적 사용 시 사전 검토하기
- 크리에이터와 협업 시 AI 사용 여부를 명시하고, 산출물 권리를 명확히 규정하기

알고리즘의 편향성과 공정성

콘텐츠 추천 알고리즘은 사용자 이력 데이터를 기반으로 구성되는데, 이때 특정 콘텐츠나 브랜드가 과도하게 노출되는 현상, 특정 성별/지역/연령에 불리한 결과가 반복되는 문제가 발생할 수 있다. 이는 무의식적 차별을 야기하며, 브랜드 신뢰도에도 영향을 줄 수 있다.

- 알고리즘 트레이닝 시 데이터 다양성 확보
- 알고리즘 설명가능성(XAI) 확보
- 정기적 추천 결과의 다양성 및 대표성 점검

소비자 기만과 투명성 문제

브랜디드 콘텐츠와 광고 콘텐츠의 구분이 모호할 경우 소비자가 상업 콘텐츠임을 인지하지 못하는 문제가 발생한다. 특히 AI가 자동으로 작성한 리뷰, 추천 문구 등이 실제 사용자가 작성한 것으로 오해될 수 있는 경우 투명성 확보가 중요하다.

- 광고성 콘텐츠에는 '광고', '협찬', 'AI 생성' 등 명확한 표기
- 리뷰, 후기 콘텐츠는 자동 생성 여부 및 기준 명시
- 가짜 후기 탐지 및 관리 시스템 마련

조직 차원의 윤리 가이드라인 구축

AI 도입과 콘텐츠 자동화가 일상화되는 상황에서는, 조직 내부에 이를 관리할 수 있는 윤리 기준과 대응 시스템이 반드시 필요하다. 기업은 다음과 같은 원칙을 제도화해야 한다.

- 콘텐츠 및 AI 활용 윤리 강령 수립
- 연 1회 이상 AI 윤리 교육 및 리스크 시뮬레이션 훈련
- 콘텐츠 생성 및 데이터 활용 시 사전 윤리 검토 절차 의무화
- 이슈 발생 시 대외 소통 가이드 마련

콘텐츠커머스는 기술 중심에서 사람 중심으로 전환되는 중대한 시기를 맞이하고 있다. AI는 도구이며 데이터는 수단이다. 이를 사용하는 주체의 책임과 윤리의식이 콘텐츠커머스의 지속 가능성을 결정짓는다. 실무자는 법적 기준 이상의 윤리적 감수성을 갖추고 데이터와 기술을 투명하고 책임감 있게 활용함으로써 브랜드의 신뢰와 사회적 가치 창출이라는 두 마리 토끼를 모두 잡아야 한다.

콘텐츠커머스의 실무 전략은 창의성과 데이터 분석의 균형을 요구하며 KPI는 단순 수치가 아니라 고객 여정 상에서 콘텐츠의 역할과 성과를 가시화하는 도구이다. 전략적 사고를 바탕으로 한 반복적 최적화가 성공의 핵심이다.

항목	내용
실무 전략의 핵심 구조	콘텐츠커머스 전략은 단발성 제작이 아닌 **기획 → 실행 → 분석 → 재설계**의 반복적 구조로 설계되어야 함. 콘텐츠는 브랜드와 고객을 잇는 핵심 접점이자 구매 전환의 매개체임
콘텐츠 KPI 설정 기준	KPI는 **인지(Reach), 몰입(Engagement), 전환(Conversion), 충성도(Retention)** 4단계로 설정해야 함. 각 단계별 지표는 다음과 같음 - 인지: 노출 수, 도달률, 검색량 - 몰입: 클릭률, 시청시간, 댓글/공유 - 전환: 구매율, 장바구니 담기, 이탈률 - 충성도: 재방문율, 구독 유지율, 추천
플랫폼별 맞춤 KPI 설계	플랫폼별 핵심성과지표(KPI)가 다르므로 전략도 각각 맞춰야 함 - 유튜브: 시청 지속률, 구독 전환율 - 인스타그램/틱톡: 완시율, 해시태그 참여율 - 네이버: 검색 유입, 클릭율, 전환율 - 라이브커머스: 동시 접속자 수, 구매 전환율
A/B 테스트와 최적화 전략	실시간 피드백을 통해 콘텐츠 제목, 이미지, 길이, 시간대 등 요소를 실험하고, 가장 효과적인 버전으로 지속 최적화해야 함
고객 여정 기반 콘텐츠 기획	고객 인지 → 관심 → 고려 → 구매 → 재구매로 이어지는 고객여정(Customer Journey)에 따라 콘텐츠를 배치하고 메시지를 조율해야 함. 콘텐츠는 여정별로 기능이 다름
실무 적용 사례 및 체크리스트	- 콘텐츠 제작 전: 타깃 정의, 메시지 명확화, 콘텐츠 목적 설정 - 실행 후: KPI 대비 성과 측정, 수정 필요 요소 분석 - 반복 실행을 통한 콘텐츠 - 커머스 정합성 강화
데이터 기반 리포트 작성	정성적 인사이트와 정량적 지표를 함께 분석해 보고서를 작성하고, 조직 내부 공유 및 전략 수정에 활용해야 함

PART 7

실무자를 위한 지침서

실무자용 콘텐츠커머스 기획안 항목

1. 프로젝트 개요

- 프로젝트 명: [예 2025 S/S 신상품 콘텐츠커머스 캠페인]
- 기획일자: [YYYY.MM.DD]
- 작성자: [실무자 이름 및 부서]
- 프로젝트 기간: [예 2025.03.01. ~ 2025.04.30.]

2. 캠페인 목적

- 브랜드 인지도 제고/제품 전환율 제고/시즌성 매출 증대 중 택일 또는 혼합
- 고객 타깃 세분화 및 유입 채널별 전략 수립 목적

3. 타깃 정의

- 1차 타깃: [예] 25~34세 여성, 인스타그램 활동 빈도 높은 사용자]
- 2차 타깃: [예] 기존 구매 경험 보유 고객 + 신규 가입 유도 대상군]
- 페르소나 예시: [이름, 연령, 직업, 소비 스타일 등 포함]

4. 핵심 메시지 및 콘셉트

- 브랜드 톤앤매너: [감성적/실용적/프리미엄/유머러스 등]
- 키 메시지: [예] "하루를 바꾸는 셋업룩"]
- 캠페인 슬로건(있는 경우): [예] #매일이런룩]

5. 콘텐츠 구성 계획

콘텐츠 유형	목적	채널	제작 방식	일정
쇼츠 영상	주목도 확보	유튜브/틱톡	직접 제작	3.5.~3.10.
인스타그램 릴스	바이럴	인스타그램	크리에이터 협업	3.11.~3.17.
상세페이지용 카드뉴스	정보 전달	D2C몰	인하우스 디자인	3.5.~3.7.
리뷰 리포스팅	신뢰 유도	블로그/스토어	고객UGC 활용	3.15.~4.10.

6. KPI 및 성과 지표

- 콘텐츠별 도달 수(Impression), 조회수, 클릭률(CTR), 전환율(CVR)
- 광고 ROAS, 고객 획득 비용(CAC), 장바구니 이탈률
- KPI 목표치: [예] 유튜브 쇼츠 조회수 20만 이상/ROAS 500% 이상]

7. 예산 계획

- 총 예산: ₩[금액]
- 콘텐츠 제작비: ₩[금액]
- 크리에이터 섭외비: ₩[금액]
- 광고 집행비: ₩[금액]
- 기타 운영비(챗봇, 분석툴 등): ₩[금액]

8. 채널 및 플랫폼 운영 계획

- 메인 채널: [예 인스타그램 + 유튜브 쇼츠]
- 서브 채널: [예 네이버 쇼핑라이브 + 자사몰 블로그]
- 라이브 일정: [있는 경우 구체적 시간 포함]
- 해시태그 전략/CTA 위치 설계 등

9. 성과 분석 및 피드백 구조

- 일간/주간 성과 리포트 주체 및 양식
- A/B 테스트 항목: 썸네일, CTA 문구, 영상 길이 등
- 리마케팅 조건 및 실행 타이밍

10. 기타 참고 사항

- 고객 응대 매뉴얼/위기 대응 커뮤니케이션 시나리오 포함
- 관련 캠페인 레퍼런스 링크 및 사례 분석

위 기획안 항목은 팀 협업을 위한 기준 문서로, **PM**, 디자이너, 크리에이터, 데이터 분석가 간의 정보 불일치를 최소화하고 캠페인의 실행력을 높이기 위한 목적으로 활용한다. 상황에 따라 항목을 세부 조정할 수 있으며, 이후 실제 성과를 기반으로 개선형 템플릿으로 발전시킬 수 있다.

콘텐츠커머스 성과분석 리포트 양식

성과분석 리포트는 콘텐츠커머스 캠페인의 실질적 성과를 수치화하고, 향후 개선 방향을 도출하기 위한 핵심 문서다. 아래는 실무자가 주간 또는 월간 단위로 작성할 수 있는 성과 리포트 양식에 들어가는 항목이다.

1. 캠페인 개요

- 캠페인명: [예 2025 봄맞이 룩북 캠페인]
- 운영 기간: [2025.03.01. ~ 2025.03.31.]
- 담당자: [이름/부서]

2. 핵심 KPI 요약

항목	목표치	실제값	달성률	분석 의견
조회수(전체)	200,000	185,000	92.5%	초반 노출 저조 영향 있음
클릭률(CTR)	2.5%	2.9%	116%	썸네일 개선 효과 확인됨
전환율(CVR)	1.8%	1.4%	78%	장바구니 이탈 원인 추가 분석 필요
ROAS	500%	610%	122%	리마케팅 효율 우수

3. 콘텐츠별 성과 분석

콘텐츠 유형	플랫폼	조회수	클릭률	전환율	주요 인사이트
쇼츠 영상	유튜브	95,000	3.2%	1.6%	CTA 삽입 위치 적절
릴스	인스타그램	70,000	2.1%	1.2%	시간대별 반응 차이 큼
카드뉴스	자사몰	20,000	1.8%	1.1%	주요 정보 강조 부족
리뷰 콘텐츠	블로그	-	-	-	SEO 반응 양호, 링크 유입 증가

4. 고객 행동 분석 요약

- 평균 페이지 체류 시간: [예 1분 20초]
- 주요 유입 경로: [인스타그램 45%, 유튜브 30%, 검색 15%, 기타 10%]
- 장바구니 추가 후 구매 전환율: [예 35%]
- 이탈 시점 패턴: [예 상세페이지 진입 후 CTA 클릭 전]

5. A/B 테스트 결과 요약

테스트 항목	버전 A	버전 B	우세 버전	분석 의견
썸네일 디자인	CTR 2.4%	CTR 3.1%	B	대비 색상 강조 효과 확인
CTA 문구	CVR 1.5%	CVR 1.2%	A	명확한 혜택 전달이 효과적

6. 개선 및 후속 전략 제안

- 고전환 콘텐츠의 확장 버전 추가 제작
- 상세페이지 내 정보 구조 개선 및 CTA 강조
- 고객 세분화 리타깃팅 캠페인 강화
- 피크 시간대 업로드 전략 재조정

7. 첨부자료 및 참고 리포트

- 성과 데이터 대시보드 캡처본
- 크리에이티브 예시 스크린샷
- 관련 광고 집행 리포트(Excel 등)

이 리포트는 정량지표와 정성 인사이트를 결합하여 실무자와 조직 전체가 성과 기반의 의사결정을 내릴 수 있도록 돕는다. 반복적 작성과 분석을 통해 자사만의 콘텐츠커머스 베스트 프랙티스를 축적하는 도구로 활용한다.

국내외 주요 플랫폼 가이드라인 요약

콘텐츠커머스를 기획·운영할 때, 각 플랫폼의 광고 정책과 콘텐츠 가이드라인을 사전에 파악하고 준수하는 것은 매우 중요하다. 플랫폼별 알고리즘의 작동 원리뿐 아니라, 금지 콘텐츠, 광고 표기 기준, 형식적 제한 사항 등은 실무자 기획의 방향성을 좌우하는 핵심 요소가 된다. 다음은 주요 플랫폼의 콘텐츠/커머스 운영 가이드라인이다.

유튜브(YouTube)
- 권장 콘텐츠 길이: 쇼츠 15초~3분 이내/일반 영상 15분 이내
- 썸네일 가이드: 과도한 클릭 유도(Clickbait) 이미지 금지, 시각적 명확성 필요

- 브랜디드 콘텐츠: 반드시 '유료 광고 포함' 체크 및 구체적 협찬 명시
- 금지 항목: 민감 주제(정치, 혐오, 의료정보 등) 포함 시 수익화 제한
- 쇼핑 연동: 구독자 500명 이상, 검증된 채널에 한해 쇼핑탭 사용 가능

인스타그램(Instagram)

- 릴스 콘텐츠: 해시태그 3~5개 적정, 트렌디한 오디오 사용 시 도달 증가
- 광고 표기: @브랜드명 태그 + '유료광고 포함' 명시 의무
- 스토리 링크 기능: 모든 계정 사용 가능(2024년 이후 제한 해제됨)
- 쇼핑 연동: Instagram Shop 등록 및 Meta Commerce Manager 설정 필수
- 금지 항목: 지나친 비포&애프터, 성형/다이어트 상품 강조 금지

틱톡(TikTok)

- 영상 권장 형식: 9:16 비율, 15~30초 집중 권장
- 오디오 활용: 저작권이 확보된 음원만 사용 가능
- 브랜디드 콘텐츠: '후원(Sponsored)' 또는 '광고' 문구 명시 필수
- 광고 유닛 가이드: 탑뷰(TopView), 인피드(In-feed) 광고, 스파크 광고(Spark Ads)별 명확한 목적 설정 요구
- 쇼핑 기능: 틱톡샵(TikTok Shop) 개설 및 판매자 등록 후 이용 가능

네이버 쇼핑라이브

- 방송 구성 요소: ①호스트/쇼호스트, ②제품 설명, ③고객 응대 (Q&A)
- 사전 심의 절차: 특정 카테고리(건강기능식품, 의료기기 등)는 라이브 송출 전 별도 승인 필요
- 상품 등록 요건: 네이버 스마트스토어 입점 및 쇼핑라이브 연동 필수
- 라이브 편성: 하루 1~2회 이상은 도달률 저하 유의, 예약 편성 권장
- 금지 콘텐츠: 미확인 효능, 비교 과장 표현, 시청자 현혹형 판매 화법

아마존(Amazon)

- 라이브(Live) 방송 요건: 아마존 인플루언서 프로그램(Amazon Influencer Program) 가입 필요
- 광고 문구 제약: '최고', '유일', '보장' 등의 표현은 사전 검토 필수
- 콘텐츠 포맷: 제품 데모 중심, 리뷰 인용 가능
- 광고 표기: FTC(미국 연방거래위원회 Federal Trade Commission) 규정에 따라 협찬·제휴 사실 명시 필요
- 데이터 정책: 고객 리뷰 조작, 가짜 후기 유도 시 즉각 계정 정지

기타 유의사항

모든 플랫폼에서의 광고 표기 기준은 점점 강화되는 추세이며, 자동 탐지 알고리즘이 적용되고 있다. AI 생성 콘텐츠는 점차 투명성 기준 하에 표기가 권고되고 있다.('AI 생성 이미지' 명시 등) 뿐만 아니라 플랫폼별 알고리즘은 사용자의 참여도(댓글, 저장, 공유 등)를 콘텐츠 노출 순위에 적극 반영하고 있다.

콘텐츠커머스를 전개하는 실무자가 초기 기획 단계에서 플랫폼별 정책을 참조하고, 제재나 도달률 저하를 방지하기 위한 기준선으로 활용할 수 있다. 반드시 최신 공식 가이드를 주기적으로 확인하며, 위반 시 발생할 수 있는 패널티나 브랜드 이미지 훼손을 사전 예방하는 것이 중요하다.

콘텐츠커머스 실무를 위한 추천 툴 & AI 도구 리스트

콘텐츠커머스 실무의 효율성과 성과를 높이기 위해 다양한 생성형 AI 도구와 콘텐츠 제작 툴이 활용되고 있다. 아래는 실무자가 콘텐츠 기획, 제작, 유통, 분석 전반에서 활용할 수 있는 국내외 주요 툴을 용도별로 정리한 목록이다.

콘텐츠 기획 및 문안 작성 도구

- ChatGPT(OpenAI): 카피 문구, 스크립트, 콘텐츠 아이디어 도출에 유용
- Notion AI: 회의록, 기획안 초안 자동화
- Copy.ai/Writesonic: 광고 문구, CTA, 이메일 마케팅 문안 생성 특화

이미지 생성 및 디자인 툴

- **Midjourney**: 고퀄리티 AI 이미지 생성, 브랜드 세계관 시각화에 적합
- **Canva**: 템플릿 기반 디자인 툴, 소셜 콘텐츠 제작에 강점
- **Runway ML**: 이미지 배경 제거, 스타일 변환 등 영상용 디자인 가속화

영상 제작 및 편집 도구

- **Kling/Veo2/Hailuo**: 텍스트 기반 자동 영상 생성, 리뷰/정보 영상 제작에 적합
- **Descript**: 영상 편집 + 자막 자동 생성 + 음성변환 등 통합 기능 지원
- **Synthesia**: AI 아바타 기반 영상 발표 콘텐츠 제작 가능

음성 및 인터랙션 콘텐츠 툴

- **ElevenLabs/Hedra/Suno**: 고품질 AI 음성 합성, 내레이션 삽입용, bgm 음악 생성
- **Resemble AI**: 브랜드 음성 커스터마이징, 인공지능 쇼호스트 구현 지원

콘텐츠 유통 및 퍼포먼스 분석 툴

- **Meta Ads Manager/TikTok Ads**: 소셜 광고 운영 및 성과 분석

- Google Analytics(GA4): 웹사이트 유입 및 전환 흐름 분석
- Looker Studio/Tableau: 시각화 기반 콘텐츠 성과 대시보드 구축

마케팅 자동화 및 CRM 연계

- HubSpot/Mailchimp: 콘텐츠 기반 이메일 마케팅 자동화, 고객 리텐션 관리
- Zapier/Make.com: 채널 간 자동화 워크플로우 설정(예 콘텐츠 업로드 → 자동 이메일 발송)

국내 특화 툴

- 크리에이터링크(Korea): 브랜드 협찬 콘텐츠 자동 관리 플랫폼
- 퍼블리/클래스101: 실무형 콘텐츠 교육 및 콘텐츠 트렌드 큐레이션
- 채널톡/카페24 챗봇: 커머스 챗봇과 고객 응대 자동화 연동 지원

이 리스트는 콘텐츠커머스 실무 전반에서 실질적 활용도가 높은 툴들 위주로 구성되었으며, 툴 선정 시 조직의 플랫폼, 콘텐츠 유형, 예산, 실무자 역량에 따라 유연하게 조정할 수 있다. 실무자는 도구에 휘둘리기보다, 전략에 맞춰 기술을 도입하고 활용하는 '기술 감각'을 함께 길러야 한다. 반드시 최신 공식 가이드를 주기적으로 확인하며, 위반 시 발생할 수 있는 패널티나 브랜드 이미지 훼손을 사전 예방하는 것이 중요하다.

콘텐츠 유형별 KPI 및 고객 여정 맵 예시

콘텐츠커머스의 성과를 측정하고 최적화하기 위해서는 콘텐츠 유형에 따라 적절한 KPI를 설정하고, 고객 여정에 따른 콘텐츠 배치 전략을 수립하는 것이 중요하다. 〈표5〉와 〈표6〉은 콘텐츠 유형별 대표 KPI 사례와 고객 여정(Customer Journey) 기반 콘텐츠 맵[01] 예시이다.

〈표5〉 콘텐츠 유형별 KPI 사례

콘텐츠 유형	목적	주요 KPI	성과 해석 기준
쇼츠/릴스	주목도 확보	조회수, 도달률, 저장 수	높은 저장 수 → 재참조 가치 ↑
상세페이지 콘텐츠	정보 전달	체류 시간, 이탈률	1분 이상 체류 + 낮은 이탈 → 정보 전달 적절

---

01) 고객 여정 맵(Customer Journey Map): 고객이 콘텐츠나 브랜드를 접하고 구매까지 이어지는 전체 과정을 시각화한 도구

콘텐츠 유형	목적	주요 KPI	성과 해석 기준
라이브 커머스	실시간 판매	동시 시청자 수, 전환율, 채팅참여 수	참여율↑ → 구매관심도 높음
리뷰/후기	신뢰 유도	댓글 수, 공유 수, 링크 클릭률	신뢰도 및 확산력 측정 가능
브랜디드 영상	브랜드 이미지 제고	조회수, 댓글 감정분석, 브랜드 검색량	긍정 댓글 비율↑ → 이미지 호감도 상승

〈표6〉 고객 여정 맵 기반 콘텐츠 배치 예시

단계	고객 상태	콘텐츠 예시	전략 포인트
인지 Awareness	브랜드/상품을 처음 인식	쇼츠, 릴스, 브랜드 캠페인 영상	강한 시각적 요소와 후킹 메시지로 주목 유도
관심 Interest	제품에 관심, 탐색 시작	블로그 콘텐츠, 기능 소개 영상	문제 해결 중심 정보 제공, SEO 최적화 필요
비교 Consideration	유사 제품과 비교	상세페이지, 비교 콘텐츠, 크리에이터 리뷰	USP 강조, 가격/혜택 요소 명확히 제시
구매 Purchase	결제 고려	라이브커머스, FAQ 콘텐츠, 할인 팝업	실시간 피드백, 한정 혜택 제시로 전환 유도
재방문/확산 Loyalty	재구매 또는 추천 가능성↑	후기 콘텐츠, 커뮤니티 콘텐츠, 설문형 콘텐츠	후기 장려, 멤버십 혜택, 개인화 콘텐츠 강화

KPI-고객 여정 기반 콘텐츠 설계는 캠페인의 성과를 단기성과와 브랜드 장기 성장 관점에서 균형 있게 분석할 수 있도록 해준다. 실무자는 각 콘텐츠 유형의 목적과 맥락을 명확히 하여, 전략-성과-운영의 정렬을 도모해야 한다. 툴 선정 시 조직의 플랫폼, 콘텐츠 유형, 예산, 실무자 역량에 따라 유연하게 조정할 수 있다. 또한 실무자는 전략에 맞춰 기술을 도입하고 활용하는 '기술 감각'을 길러야 하며, 반드시 최신 공식 가이드를 주기적으로 확인하며 위반 시 발생할 수 있는 패널티나 브랜드 이미지 훼손을 예방하는 것이 중요하다.

콘텐츠 제작 실수 방지 체크리스트 및 윤리 가이드라인

콘텐츠커머스 실무는 빠른 속도와 다양한 포맷의 작업 특성상 실수 발생 가능성이 높다. 특히 법적 규제, 브랜드 이미지, 플랫폼 정책 등 다양한 요소와 직결되기 때문에 체크리스트 기반의 사전 검토가 필수적이다. 또한, AI 콘텐츠 생성의 확산과 함께 윤리적 기준도 실무자의 책임 영역으로 부상하고 있다. 〈표7〉은 콘텐츠 제작을 위한 실무 체크리스트다.

〈표7〉 콘텐츠 제작 실무 체크리스트

항목	확인 여부	설명
광고/협찬 표기	☐	"유료 광고 포함" 또는 "협찬" 문구 명시 여부 확인
저작권 이미지 사용 여부	☐	라이선스 확보 이미지 또는 AI 생성 시 출처 명시
고객 개인정보 노출 여부	☐	화면, 대화, 리뷰 등에서 개인정보 노출 없는지 확인

항목	확인 여부	설명
문법/오탈자 점검	☐	자막, 캡션, 이미지 내 텍스트 등 반복 검토 필요
링크 및 CTA 오류 점검	☐	연결 오류, 이탈률 유도 요소 여부 확인
플랫폼 정책 준수 여부	☐	쇼핑라이브, 유튜브, 인스타그램 등 별도 정책 일치 확인

콘텐츠커머스 윤리 가이드라인

- **투명성**: 브랜드 협찬, 광고, 제휴 사실을 명확하게 고지한다.
- **진정성**: 실제 사용 경험에 기반한 콘텐츠를 제작하고, 과장 표현은 자제한다.
- **정확성**: 제품 기능, 가격, 혜택 등 정보는 최신 기준으로 정확히 제시한다.
- **포용성**: 특정집단, 성별, 지역 등에 대한 편견을 조장하지 않는다.
- **AI 콘텐츠 표기**: AI가 작성한 이미지/문장/음성은 'AI 생성'임을 투명하게 표기한다.
- **위기 대응 준비**: 오류 발생 시 빠르게 수정/삭제하고, 사과/보상 프로세스를 사전에 마련한다.

실무자가 콘텐츠를 기획하고 실행하는 과정에서 발생 가능한 리스크를 줄이고, 브랜드의 신뢰성과 지속 가능성을 높이는 데 기여하기 위해 마련되었다. 특히 AI 도구를 다루는 시대일수록 윤리 기준과 검수 기준이 더욱 중요해지며, 이와 같은 체크리스트는 팀 내 콘텐츠 품질 관리 기준서로도 활용 가능하다.

콘텐츠캘린더 샘플 및 크리에이티브 브리프 양식

콘텐츠커머스 실무에서 일정 관리와 협업의 일관성을 확보하기 위해서는 콘텐츠캘린더와 크리에이티브 브리프 문서가 반드시 필요하다. 〈표8〉은 실무자가 캠페인을 체계적으로 운영할 수 있도록 실제 활용 가능한 양식이다.

〈표8〉 콘텐츠캘린더 샘플(월간 단위)

날짜	콘텐츠 유형	채널	주제/캠페인	제작 담당	상태	비고
5월 1일	인스타 릴스	Instagram	봄맞이 신상품 소개	AI 디자이너	완료	오후 6시 게시 예정
5월 3일	유튜브 쇼츠	YouTube Shorts	제품 사용 꿀팁	영상팀	제작 중	CTA 삽입 확인 필요
5월 7일	카드 뉴스	자사몰 블로그	구매후기 모음	콘텐츠팀	기획 중	고객 UGC 수급 필요
5월 10일	라이브 커머스	네이버 쇼핑라이브	주말 특가전	쇼호스트팀	예정	리허설 5/9 진행

크리에이티브 브리프 양식

- 캠페인명: [예] 2025 여름 시즌 신제품 론칭]
- 제작물 종류: 영상/이미지/카드뉴스/상세페이지 등
- 목표: 전환율 제고/인지도 향상/제품 정보 전달 등
- 핵심 메시지: [예] "하루의 시작을 바꾸는 여름 기능성 셋업"]
- 타깃 고객: [연령, 성별, 라이프스타일, 구매 행동 등]
- 톤앤매너: [감성적/정보중심/유쾌함/진지함 등]
- 필수 포함 요소
- 브랜드 로고 위치
- 제품명 및 가격
- CTA 문구 예시
- 해시태그(예 #여름기능성룩 #한정판매)

콘텐츠 제작 가이드라인

- 메인컬러: #F6B800
- 폰트: Pretendard Bold, Medium 혼용
- 썸네일 방향: 제품 중심 + 인물 표정 강조
- 레퍼런스/참고자료: 기존 캠페인 사례 링크, 스타일 보드 등
- 마감 일정: [YYYY.MM.DD]
- 검토자/승인자: [팀장명 또는 브랜드 매니저명]

이러한 양식은 실무자의 반복 작업 효율을 높이고, 팀 내 커뮤니케이션의 명확성을 확보하는 데 매우 효과적이다. 콘텐츠캘린더는

캠페인 일정과 병목을 사전에 파악할 수 있는 일정관리 툴이며 크리에이티브 브리프는 디자이너, 영상팀, 카피라이터 간의 방향성을 일치시키는 중심 문서로 작동한다.

AI 도입 평가 체크리스트 및 캠페인 성과 리뷰 양식

    AI 기반 콘텐츠커머스의 확산은 실무자가 새로운 기술을 단순히 적용하는 차원을 넘어, 조직에 적합한 방식으로 '도입할 준비가 되었는지' 사전에 진단하고, 이후 캠페인 성과를 정기적으로 점검하고 조율하는 관리 체계를 필요로 한다. 〈표9〉는 AI 도입의 타당성과 실행력을 판단할 수 있는 체크리스트, 그리고 실행 이후의 성과를 정리하는 리뷰 양식이다.

〈표9〉 AI 도입 평가 체크리스트

항목	점검 여부	설명
업무 프로세스 분석 완료	☐	반복/수동 작업 중 AI 적용 가능한 영역 파악 여부
데이터 확보 및 정제 수준	☐	AI 분석/추천에 필요한 데이터 정비 상태 점검
툴/솔루션 사전 테스트 경험	☐	무료 체험 또는 PoC(개념검증) 경험 여부

항목	점검 여부	설명
팀원 교육 및 수용 태도	☐	관련 교육 수강 또는 내부 AI 워크숍 이수 여부
예산 및 ROI 예상 시뮬레이션	☐	도입 후 3~6개월 ROI 추정과 운영비용 고려 여부
보안 및 개인정보 보호 조치	☐	고객 데이터 보호 정책 및 AI 윤리 기준 수립 여부

콘텐츠커머스 캠페인 성과 리뷰 양식

1. 캠페인명: [예 2025 여름 셋업 출시 캠페인]
2. 진행 기간: [YYYY.MM.DD ~ YYYY.MM.DD]
3. 총 예산 대비 ROAS: [예 620%/예산 8백만원/매출 4천9백6십만원]
4. 대표 콘텐츠 성과 비교
   - 유튜브 쇼츠: 조회수 200,000/CTR 3.1%/CVR 1.8%
   - 인스타 릴스: 조회수 145,000/CTR 2.6%/CVR 1.5%
   - 자사몰 카드뉴스: 평균 체류시간 1분 12초/CTA 클릭률 5.8%
5. 주요 고객 반응 요약
   - 댓글 분석: 긍정(80%)/중립(15%)/부정(5%)
   - 주요 질문 키워드: '사이즈감', '세탁 가능 여부', '배송일'
6. 성과 요약 및 인사이트
   - 브랜드 노출 대비 전환율은 낮았으나 고객 체류 시간은 평균 이상
   - CTA 문구 테스트 결과 '지금 구매하기'보다 '오늘 바로 착용해보세요'가 반응 우수
7. 개선 제안 및 후속 조치
   - 후기 콘텐츠 확보 및 리뷰 마케팅 확대
   - 상세페이지 CTA 시각적 강조 및 정보 위계 구조 개선
   - AI 추천 로직 고도화(예 이전 구매 고객 유사 아이템 자동 제안)

이 양식은 AI 도입과 캠페인 운영의 실질적 준비 수준을 점검하고, 콘텐츠커머스의 전략적 실행을 위한 기준점으로 활용된다. 실무자는 기술 도입을 위한 판단 기준과 사후 점검 기준을 병행 설정함으로써 운영의 일관성과 확장성을 동시에 확보할 수 있다.

콘텐츠 제작 워크플로우 및 채널 운영 매뉴얼

　콘텐츠커머스의 품질과 일관성을 확보하려면 체계적인 제작 워크플로우(workflow)와 채널별 운영 매뉴얼을 사전에 수립해야 한다. 실무자가 콘텐츠를 효율적으로 제작·관리하고, 각 유통 채널의 특성에 맞게 최적화할 수 있는 워크플로우 예시는 〈표10〉과 같다.

〈표10〉 콘텐츠 제작 워크플로우 예시

단계	담당 부서	주요 업무	협업 포인트
① 캠페인 기획	마케팅팀	주제/목표/KPI 설정	브랜드 매니저와 조율
② 콘텐츠 브리프 작성	콘텐츠팀	콘셉트, 메시지, 톤앤매너 정리	디자이너, 영상팀 공유
③ 제작	디자인/영상팀	이미지·영상 제작 및 편집	피드백 회차 최소화
④ 검수 및 승인	마케팅팀	오탈자, 정책, CTA 등 검토	QA 체크리스트 활용
⑤ 채널 등록	운영팀	스케줄 기반 게시	플랫폼별 사양 최적화
⑥ 분석 및 리포트	데이터팀	성과 수집 및 보고서 작성	개선안 도출 후 공유

채널별 운영 매뉴얼 요약

- 유튜브 Shorts

  권장 해상도: 1080×1920/9:16

  최적 길이: 15~30초

  썸네일 직접 지정, CTA는 고정 댓글 또는 링크 카드 활용

- 인스타그램 Reels

  해시태그 3~5개, 인기 오디오 활용 시 노출 증가

  트렌드 반영 콘텐츠 1주 1회 이상 기획

  자막 삽입 필수(음소거 시청률↑)

- 네이버 쇼핑라이브

  방송 전 리허설 1회 진행 권장

  시청자 채팅 응대 시 FAQ 및 답변 시나리오 공유

  방송 후 댓글/리뷰 유도 콘텐츠 추가 게시

- 자사몰 콘텐츠 블로그

  SEO 키워드 3개 이상 포함, 1,000자 이상 권장

  CTA는 상단/중단/하단 모두 배치

  후기 콘텐츠는 사진/영상 혼합 구성 추천

체계적인 워크플로우와 운영 매뉴얼은 팀 간 커뮤니케이션 오류를 줄이고, 콘텐츠의 퀄리티와 유통 효율을 동시에 향상시키는 데 기여한다. 실무자는 이를 기반으로 자체 가이드를 정립하거나, 외주 파

트너와의 협업 시 기준 문서로 활용할 수 있다. 콘텐츠커머스의 전략적 실행을 위한 기준점으로도 활용된다. 실무자는 기술 도입을 위한 판단 기준과 사후 점검 기준을 병행 설정함으로써 운영의 일관성과 확장성을 동시에 확보할 수 있다.

브랜드 톤앤매너 가이드 및 위기 대응 커뮤니케이션 플랜

콘텐츠커머스에서 브랜드 일관성을 유지하고, 예상치 못한 이슈에 신속하게 대응하기 위해서는 브랜드 톤앤매너(Tone & Manner)에 대한 가이드라인과 위기 발생 시 활용할 수 있는 커뮤니케이션 플랜을 〈표11〉, 〈표12〉와 같이 사전에 수립해두는 것이 중요하다.

〈표11〉 브랜드 톤앤매너(Tone & Manner) 가이드

항목	예시	설명
브랜드 성격	정직하고 유쾌한 친구	브랜드를 인격화했을 때의 표현
언어 스타일	반말/존댓말 혼용, 간결한 문장, 긍정적 어조	플랫폼별 어투 조정 필요
메시지 톤	감성적 + 실용적	제품 메시지 및 콘텐츠 주제별 가변 적용 가능
금지 표현	"최고", "전문가도 인정", 불확실한 약속	과장 광고 및 법률 위반 방지
디자인 스타일	파스텔톤 + 둥근 모서리 + 일러스트 활용	콘텐츠 시각 통일성 확보

- **적용 방법**: 모든 콘텐츠(카피, 영상 자막, 인터뷰, 상세페이지 등)에 적용. 외주 디자이너 및 크리에이터에게 공유 필수

〈표12〉 위기 대응 커뮤니케이션 플랜

단계	대응 내용	실행 책임자
① 이슈 감지	SNS/댓글/고객센터 모니터링을 통한 조기 감지	브랜드 매니저, CS팀
② 내부 상황 공유	슬랙/이메일로 상황 요약 및 관련자 호출	콘텐츠 총괄 PM
③ 메시지 초안 작성	정중한 사과 + 사실 기반 해명 + 후속 조치 안내	브랜드팀 카피라이터
④ 승인 및 게시	팀장/임원 검토 후 공식 채널 공지	마케팅실 책임자
⑤ 고객 응대	FAQ 기반 응답 스크립트 배포 + 동일 응대 유지	CS팀/채팅 응대팀
⑥ 후속 보고서 작성	상황 분석 + 커뮤니케이션 개선안 도출	전 부서 공유용 보고서 작성

- **예방적 조치**: 제품 설명의 정확성 강화, 사전 콘텐츠 검수 체계 고도화, SNS 모니터링 자동화 도구 도입(예 크리마, 버즈메트릭스)

브랜드의 일관된 인상 형성과 위기 상황에서의 빠른 대응은 신뢰를 쌓고 장기적인 관계를 유지하는 데 핵심 요소다. 실무자는 이 가이드를 모든 콘텐츠 제작/운영 프로세스에 포함시켜야 하며, 위기 대응은 연습 시나리오를 통해 정기적으로 점검하는 것이 바람직하다. 톤앤매너는 팀 간 커뮤니케이션 오류를 줄이고, 콘텐츠의 퀄리티와 유통 효율을 동시에 향상시키는 데 기여한다.

실무자는 이를 기반으로 자체 가이드를 정립하거나, 외주 파트너와의 협업 시 기준 문서로 활용할 수 있으며, 콘텐츠커머스의 전략적 실행을 위한 기준점으로 활용된다. 실무자는 기술 도입을 위한 판단 기준과 사후 점검 기준을 병행 설정함으로써 운영의 일관성과 확장성을 동시에 확보할 수 있다.

협업 프로세스 템플릿 및 외주 계약 체크포인트

콘텐츠커머스의 실행 과정에서는 내부 팀 간 협업뿐만 아니라 외부 파트너(디자이너, 영상 제작사, 크리에이터 등)와의 계약 및 업무 연계가 빈번하게 발생한다. 협업 프로세스를 효율적으로 정리한 템플릿과 외주 계약 시 반드시 확인해야 할 실무 체크리스트[02]는 〈표13〉, 〈표14〉와 같다.

〈표13〉 협업 프로세스 템플릿(내부/외부 공동 프로젝트용)

단계	주요 내용	책임 부서	협업자 요청사항
① 기획 회의	캠페인 목적, 타깃, 기간 설정	마케팅팀	일정·레퍼런스 공유

---

02) 외주 계약 체크포인트: 외주 콘텐츠 제작 시 주의해야 할 항목들(저작권, 납기, 결과물 기준 등)을 정리한 문서

단계	주요 내용	책임 부서	협업자 요청사항
② 크리에이티브 브리프 전달	톤앤매너, 콘텐츠 목표, 필수요소 명시	콘텐츠팀	확인 후 피드백 요청
③ 콘텐츠 초안 제출	이미지, 영상, 카피 등 1차 산출물	외주/디자인팀	포맷 및 스타일 준수
④ 내부 검토 및 피드백	오탈자, 메시지 적합성, CTA 점검	마케팅팀	수정 방향 명확히 전달
⑤ 최종 납품 및 등록	완성본 확정 및 업로드	운영팀	원본 파일 및 자산 공유
⑥ 정산 및 리뷰	성과 리포트 공유, 소감 회의	회계/PM	개선사항 피드백 수렴

〈표14〉 외주 계약 실무 체크포인트

항목	설명
계약서 명시사항	목적, 작업 범위, 납기일, 수정 가능 횟수, 비용, 저작권 귀속 명시
납품 포맷 사전 합의	영상 해상도, 이미지 사이즈, 오디오 코덱 등 플랫폼 기준에 부합하는 형식 확인
피드백 라운드 수	기본 2~3회로 제한하고, 초과 시 추가 비용 여부 명시
지연/품질 문제 대응	일정 지연 및 퀄리티 미달 시 보완 일정 또는 정산 보류 조건 삽입
저작권/초상권 관련 조항	이미지·음원·출연자에 대한 사용 허가 범위와 책임 소재 명확히 기재
비밀유지 조항	브랜드 미공개 캠페인 정보 유출 방지를 위한 NDA 포함 여부 검토

이 템플릿은 실무자가 협업 과정에서 발생할 수 있는 소통 오류와 계약 분쟁을 예방하기 위한 기준서로 활용할 수 있다. 명확한 사전 커뮤니케이션과 정형화된 문서 기반 협업은 콘텐츠 퀄리티와 일정 준수율을 높이는 데 중요한 역할을 한다. 협업 프로세스 템플릿

은 외주 제작 시 빠른 대응으로 신뢰를 쌓고 장기적인 관계를 유지하는 데 핵심 요소다.

실무자는 이 가이드를 모든 콘텐츠 제작/운영 프로세스에 포함시켜야 하며, 위기 대응은 연습 시나리오를 통해 정기적으로 점검하는 것이 바람직하다. 실무자는 이를 기반으로 자체 가이드를 정립하거나, 외주 파트너와의 협업 시 기준 문서로 활용할 수 있으며, 기술 도입을 위한 판단 기준과 사후 점검 기준을 병행 설정함으로써 운영의 일관성과 확장성을 동시에 확보할 수 있다.

고객 피드백 분석 양식 및 콘텐츠 ROI 계산법

콘텐츠커머스는 고객 반응을 정밀하게 분석하고, 실제 투자 대비 수익(ROI)을 정량적으로 파악함으로써 전략적 콘텐츠 운용 체계를 구축할 수 있다. 〈표15〉와 〈표16〉은 고객 피드백 수집 및 분석을 위한 표준 양식과 콘텐츠 단위 ROI 산출을 위한 계산 템플릿이다.

〈표15〉 고객 피드백 분석 양식

항목	내용 예시	분석 포인트
피드백 채널	유튜브 댓글/네이버 리뷰/쇼핑몰 후기	채널별 정서 톤과 언급량 분석
피드백 유형	긍정/중립/부정	긍·부정 비율 및 시점 파악
핵심 키워드	사이즈, 배송, 가격, 기능 등	반복 키워드로 고객 니즈 도출

항목	내용 예시	분석 포인트
감성 분석	만족/실망/기대/혼란	AI 기반 감정 톤 분석 활용 가능
개선 요청사항	포장 개선/색상 다양화 /A/S 문의 등	제품 및 서비스 개선 방향 도출

- **활용 방안**: 정기 리포트화(월간/분기), 제품 기획 피드백 루프에 반영, 고객 FAQ 및 CS 매뉴얼 개선 등

콘텐츠 단위 ROI 계산법 템플릿

ROI 계산 공식:

- ROI(%) = ((콘텐츠 유입으로 발생한 매출 − 콘텐츠 제작비용) ÷ 콘텐츠 제작비용) × 100
- 예시 계산 :
  콘텐츠 제작 비용: ₩2,000,000
  콘텐츠 유입 매출: ₩9,000,000
  ROI =((9,000,000 − 2,000,000) ÷ 2,000,000) × 100 = 350%

〈표16〉 채널별 ROI 추적 방식

콘텐츠	채널	비용	매출	ROI	비고
쇼츠 영상 1	유튜브	₩1,000,000	₩4,000,000	300%	고성능 키워드 삽입 효과
리뷰 카드뉴스	자사몰 블로그	₩500,000	₩2,200,000	340%	SNS 리포스트 유입 반영
크리에이터 릴스	인스타그램	₩2,500,000	₩6,000,000	140%	팔로워 기반 유입 다수

- **고려할 항목**: 광고비 포함 여부에 따라 총비용 가중치 조정, 브랜드 인지도 상승 등의 비정량적 효과는 별도 분류

〈표15〉와 〈표16〉은 실무자가 콘텐츠의 성과를 단위별로 진단하고, 효율성을 극대화하기 위한 투자 판단 기준을 제공한다. 특히 콘텐츠 유형별 ROI 차이를 주기적으로 분석하면, 향후 콘텐츠 예산 배분 전략 수립에 강력한 근거 자료로 작용할 수 있다.

콘텐츠커머스 실무 교육 커리큘럼 및 내부 역량 진단 도구

조직 내 콘텐츠커머스 역량 강화를 위해서는 체계적인 실무 교육 커리큘럼과 함께 현재 구성원의 능력 수준을 점검할 수 있는 역량 진단 도구가 필요하다. 〈표17〉, 〈표18〉, 〈표19〉는 교육 운영을 위한 기본 커리큘럼 구조와 자가 진단형 체크리스트다.

〈표17〉 AI와 콘텐츠커머스 기반 라이브커머스 실무 교육커리큘럼 구성 예시

(총 10주 과정)

주차	주제	교육 내용	실습 또는 과제
1주차	콘텐츠커머스와 라이브커머스 이해	콘텐츠커머스 개념, AI의 역할, 라이브커머스 시장 구조 및 성공 사례 분석	성공 사례 분석 리포트 (AI 활용 여부 포함)
2주차	라이브커머스 콘텐츠 기획	콘텐츠커머스형 기획 포맷, 타깃 고객 설정, 제품-콘텐츠 연결 전략	AI 기반 타깃 페르소나 도출 및 콘텐츠 브리프 작성

주차	주제	교육 내용	실습 또는 과제
3주차	AI 대본 및 대화 콘텐츠 생성	ChatGPT 등으로 대본 자동화, 실시간 채팅 응답 시나리오 작성법	AI 활용 쇼호스트 대본 및 Q&A 시나리오 제작
4주차	시각 콘텐츠 자동 생성	Midjourney, Canva 등으로 썸네일, 방송 오버레이, 제품소개 비주얼 제작	비주얼 콘텐츠 제작 및 홍보 이미지 제출
5주차	쇼호스트 연출과 방송 구성	큐시트, 스크립트 구성, 쇼호스트 동선 설계, 촬영장비 체크리스트	AI 보조 큐시트 자동화 툴 활용 및 샘플 제작
6주차	AI 기반 홍보 마케팅 전략	사전 유입을 위한 AI 기반 문안 작성, 메일링·SNS 콘텐츠 자동 생성, A/B 테스트	AI 마케팅 콘텐츠 3종 제작 (문안·영상·배너)
7주차	실시간 데이터 분석과 반응 전략	실시간 전환율 분석, GA4 연동, 실시간 피드백 대응 전략	가상 라이브커머스 로그 데이터 분석 보고서 작성
8주차	커머스형 후기 및 리텐션 콘텐츠	고객 후기 수집 및 AI 요약, 리텐션 콘텐츠 시리즈 기획(다시보기·후속 제안 등)	AI 기반 후기 자동 분석 및 콘텐츠화 실습
9주차	AI 윤리와 저작권, 실무 계약	AI 생성물 저작권, 개인정보 보호, 외주 및 인플루언서 협업 계약 실무	AI 콘텐츠 활용 가이드 + 외주 계약서 설계 과제
10주차	종합 프로젝트 발표	AI 도구 활용 → 라이브커머스 기획 → 콘텐츠 제작 → 방송 시뮬레이션	팀별 프로젝트 발표 및 콘텐츠 성과 분석 보고서 제출

〈표18〉 AI와 콘텐츠커머스 실무 교육 커리큘럼 구성 예시

(총 10주 과정)

주차	주제	교육 내용	실습 또는 과제
1주차	콘텐츠커머스 개론	콘텐츠커머스의 정의, 트렌드, 산업 동향, 플랫폼별 유형(D2C, 브랜드몰, 마켓플레이스 등)	시장 분석 리포트: 플랫폼별 사례 분석 보고서 제출
2주차	콘텐츠 전략 수립	콘텐츠 기획 프로세스, 브랜드 포지셔닝, 타깃 세분화, 메시지 구성	콘텐츠 브리프 설계 실습
3주차	생성형 AI 도구 활용 Ⅰ	ChatGPT 기반 콘텐츠 아이디어 발상, 텍스트 자동 생성 실습	AI 활용 콘텐츠 제안서 작성
4주차	생성형 AI 도구 활용 Ⅱ	Canva, Midjourney 등 이미지·디자인 생성 도구 실습	비주얼 콘텐츠 제작 과제
5주차	콘텐츠 제작과 배포 전략	콘텐츠 유형별 포맷 구성, 숏폼·라이브커머스 활용법, 배포 채널 전략	콘텐츠 유형별 채널 매핑표 작성
6주차	퍼포먼스 마케팅 분석	KPI 설정, GA4 기초, A/B 테스트 설계, 캠페인 목표 설정법	성과 분석 보고서 제출(가상 데이터 기반)
7주차	협업과 제작 워크플로우	크리에이터 및 외주사 협업법, 제작 일정표 작성법, 커뮤니케이션 가이드라인	콘텐츠 캘린더 및 작업 분장표 제출
8주차	커머스 콘텐츠 법·윤리	저작권, 초상권, 광고표기, 플랫폼 정책, AI 생성물 관련 이슈	사례 기반 윤리 리뷰 보고서 작성
9주차	ROI와 리텐션 전략	ROI 계산법, 고객 여정 분석, 후기 및 피드백 기반 리텐션 전략	ROI 시뮬레이션 및 개선안 제시 과제
10주차	종합 실전 프로젝트	콘텐츠커머스 캠페인 기획 → 콘텐츠 제작 → 성과 예측 → 발표	기획안 발표 및 피드백 세션 (팀 프로젝트 기반)

〈표19〉 내부 역량 진단 체크리스트(자가 진단용)

역량 항목	설명	자기 점검(1~5점)
콘텐츠 기획력	캠페인 주제 및 메시지를 타깃에 맞게 구성하는 능력	☐1 ☐2 ☐3 ☐4 ☐5
데이터 분석 이해	KPI 해석, 전환율 분석, 성과 측정 도구 활용	☐1 ☐2 ☐3 ☐4 ☐5
AI 도구 활용 능력	ChatGPT, 영상 생성, 자동화 툴 숙련도	☐1 ☐2 ☐3 ☐4 ☐5
프로젝트 운영능력	캘린더 관리, 외주 조율, 내부 커뮤니케이션 능력	☐1 ☐2 ☐3 ☐4 ☐5
콘텐츠 ROI 이해도	콘텐츠 단위 투자-성과 분석 능력	☐1 ☐2 ☐3 ☐4 ☐5

- **활용 방법**: 점수 합산 후 부서 평균 비교, 교육 전후 비교 분석, 연간 성장 지표로 활용 가능

실무자의 역량을 체계적으로 개발하고, 교육 기획자 또는 관리자 입장에서 커리큘럼을 설계하고 추적할 수 있는 기준 도구로 기능한다. 내부 교육과 외부 강사 연계를 병행하면 실무 역량 향상에 더욱 효과적이다.

콘텐츠 성과 리뷰 회의록 템플릿 및 캠페인 회고 문서 양식

캠페인 종료 후 체계적인 성과 리뷰[03]와 회고 문서를 작성하는 것은 조직의 학습 문화를 강화하고, 반복적인 실수를 줄이며, 전략적 인사이트를 공유하는 데 필수적이다. 회의록과 회고 리포트를 실무자가 효율적으로 활용할 수 있도록 구조화한 예시다.

콘텐츠 성과 리뷰 회의록 템플릿

> 1. 회의 일자: [YYYY.MM.DD]
> 2. 참석자: [마케팅팀/콘텐츠팀/외주 파트너 등]
> 3. 리뷰 대상 캠페인: [캠페인 명칭/기간/주요 채널]

---

03) 성과 리뷰 문서: 캠페인 또는 콘텐츠 실행 후의 핵심 성과(KPI, 반응, 전환 등)를 정리한 보고서

콘텐츠 성과 평가 리뷰 회의록

항목	주요 내용	비고
KPI 달성 여부	목표 대비 실제 수치 정리(ROAS, CTR 등)	달성률 % 포함
베스트 콘텐츠	가장 성과 좋았던 콘텐츠 분석	포맷/카피/디자인 특성 공유
개선이 필요한 콘텐츠	성과 미달 콘텐츠 및 원인 분석	타깃 미스, 플랫폼 부적합 등
인사이트 요약	학습한 점, 다음 캠페인에 반영할 포인트	실행 항목으로 전환 필요
추가 아이디어	실험 가능한 신규 콘텐츠/형식 제안	실행 계획 포함 시 명시

캠페인 회고[04] 문서 양식(Retrospective Report)

1. 캠페인명: [예 여름 시즌 신제품 홍보]
2. 운영 기간: [YYYY.MM.DD ~ YYYY.MM.DD]
3. 총 예산/매출/ROAS: [예 ₩10,000,000/₩55,000,000/550%]
4. 성과 요약
   - KPI 달성 항목과 미달 항목 명확히 구분
   - 정량 데이터와 정성 피드백 병행 기재
5. 잘한 점(What Went Well)
   - 크리에이티브 퀄리티 유지
   - 리타겟팅 광고 전략 성공 등

---

04) 캠페인 회고(Retrospective): 캠페인 종료 후 성과와 과정을 되짚고 개선점을 도출하는 실무 회의 또는 문서

> 6. 아쉬운 점(What Could Be Improved)
> - 초반 유입 저조, CTA 문구 약함
> - 협업 시 일정 공유 미흡 등
> 7. 다음 캠페인을 위한 제안(Next Action)
> - CTA A/B 테스트 사전 시행
> - 고객 피드백 반영 콘텐츠 반영 확대 등

리뷰 및 회고 문서는 단순한 결과 요약을 넘어, 조직 내 콘텐츠 운영 철학과 전략의 정착에 기여한다. 실무자는 이 문서를 기반으로 다음 프로젝트를 더욱 정밀하게 설계할 수 있으며, 반복되는 성공 요인을 팀 지식으로 축적할 수 있다.

콘텐츠 제작 윤리 서약서

콘텐츠커머스는 다양한 채널과 빠른 제작 주기를 기반으로 운영되기 때문에, 실무자의 윤리적 책임과 내부 문서의 일관성 확보가 매우 중요하다. 아래는 콘텐츠 제작 윤리 서약서[05]의 예시와 조직 내 공유 문서 포맷을 통해 투명하고 효율적인 운영을 도모하는 틀이다.

콘텐츠 제작 윤리 서약서(예시)

> 본인은 콘텐츠커머스 업무를 수행함에 있어, 아래 항목을 성실히 준수할 것을 서약합니다.
> 소비자에게 사실 기반의 정보만을 제공하며, 허위·과장 표현을 지양합니다.

---

05) 윤리 서약서: 콘텐츠 제작 및 유통 과정에서의 저작권, AI 활용, 개인정보 보호 등 윤리 기준을 따르겠다는 서약 문서

> 브랜디드 콘텐츠는 광고 또는 협찬 여부를 명확히 고지합니다.
> 이미지, 음악, 영상 등 사용되는 모든 자료에 대해 정당한 저작권을 확보합니다.
> 고객의 개인정보를 소중히 다루며, 동의 없는 활용을 하지 않습니다.
> AI 기반 콘텐츠의 경우, 생성 사실을 명확히 밝히고 오해를 유발하지 않도록 주의합니다.
> 사회적 약자나 특정 계층에 대한 혐오·차별적 표현을 포함하지 않도록 최선을 다합니다.
>
> (날짜)_____
> (성명)_____
> (소속)_____

- **활용 안내**: 콘텐츠팀 입사 시 서약, 캠페인 착수 전 전원 서명, 연간 점검 시기와 연계

조직 내 모든 콘텐츠 관련 업무가 동일한 기준과 원칙 하에 운영되도록 돕는다. 윤리 서약은 단순한 선언을 넘어, 실무자가 실제 제작 현장에서 스스로 판단할 수 있는 나침반 역할을 한다.

콘텐츠커머스의 성패는 '무엇을 얼마나 잘 만드는가'보다 '누구를 위해 어떻게 전략적으로 기획하고 실행하는가'에 달려 있다. 실무자는 반복 가능한 시스템, 체계화된 자료, 위기 대응 역량, 윤리적 기준을 바탕으로 콘텐츠와 커머스를 연결하는 전문적인 실행 프로듀서가 되어야 한다.

구분	핵심 내용 요약
실무자 기본 원칙	콘텐츠커머스 실무자는 단순한 콘텐츠 생산자가 아니라, **브랜드 전략 기획자이자 소비자 경험 설계자**다. 콘텐츠의 목적은 '노출'이 아니라 '전환'이며, 기획 → 실행 → 분석 → 개선의 루트를 반복해야 한다.
실무에 바로 적용 가능한 템플릿과 도구	- **기획안 작성 템플릿**: 콘텐츠 목적, 대상, 전달 메시지, 채널, KPI를 명확히 설정 - **성과 리뷰 문서**: 콘텐츠별 성과지표 기록 및 개선점 도출 - 고객 여정 맵: 구매 전환 흐름에 맞춘 콘텐츠 배열과 메시지 조정 - **브랜디드 콘텐츠 설계안**: 브랜드 핵심 가치와 메시지가 드러나는 콘텐츠 구조
운영 관리 체크리스트	- 콘텐츠 기획 전: 목표 설정, 페르소나 정의, 콘텐츠 포맷 결정 - 콘텐츠 운영 중: 콘텐츠 업로드 일정 관리, 이슈 대응 계획 마련 - 콘텐츠 종료 후: KPI 기반 성과 분석, 학습 포인트 도출
위기관리 및 윤리 수칙	- 커뮤니케이션 위기 대응 매뉴얼 필수 - 허위 정보, 과장 표현, 소비자 기만을 피하기 위한 **윤리 서약서 및 가이드라인** 필요
외주 및 협업 관리 지침	- 외부 제작자, 인플루언서, 플랫폼 파트너와의 **계약 시 체크포인트와 브리핑 문서** 구비 - 크리에이터에게 전달할 기본 정보, 콘텐츠 톤, 유통 채널 명시

AI와 콘텐츠커머스 마케팅

초판 1쇄 인쇄 2025년 7월 17일
초판 1쇄 발행 2025년 8월 20일

지은이 방미영·권병철
펴낸이 정용수

편집장 차인태
디자인 정은진
영업·마케팅 정경민·이은혜
제작 김동명
관리 윤지연

펴낸곳 ㈜예문아카이브
출판등록 2016년 8월 8일 제2016-000240호
주소 서울시 마포구 동교로18길 10 2층
문의전화 02-2038-3372   **주문전화** 031-955-0550   **팩스** 031-955-0660
이메일 archive.rights@gmail.com   **홈페이지** ymarchive.com   **인스타그램** yeamoon.arv

ISBN 979-11-6386-497-4 13320
한국어판 출판권 ⓒ 예문아카이브, 2025

㈜예문아카이브는 도서출판 예문사의 단행본 전문 출판 자회사입니다.
널리 이롭고 가치 있는 지식을 기록하겠습니다.
이 책 내용의 전부 또는 일부를 이용하려면 반드시 저작권자와 ㈜예문아카이브의 서면 동의를 받아야 합니다.

*책값은 뒤표지에 있습니다. 잘못 만들어진 책은 구입하신 곳에서 바꿔드립니다.